Rainer Türk

Pilger- und Meditationswege im Odenwald

Besinnliche Rundwege zu christlichen Stätten

Für Lucie

Rainer Türk, Gemeinde Wald-Michelbach. Initiator einer einheitlichen Wegmarkierung im Odenwald, Bearbeiter der topographischen Freizeitkarten 1:20 000 sowie Autor zahlreicher Wanderbücher und Wegbeschreibungen.

Bibliografische Information Der Deutschen Bibliothek
Die Deutsche Bibliothek verzeichnet diese Publikation in der Deutschen Nationalbibliografie; detaillierte bibliografische Daten sind im Internet über http://dnb.ddb.de abrufbar.

1. Auflage November 2014

Autor: Rainer Türk
Fotos: Hubert Berberich (Seite 132[1]); Thorsten Florig (Seite 78[1])
Hubert Brunnengräber (Seite 6,7,16[1],19,22[2],23,27,35,36,38[1],58[1], 61,62,64,65,68,69,70,72[1],73,76[1],78[1],92,101,107,117,118)
Hansjörg Heimburger (Seite 22,58[1],59,76[1],89)
Franz Hofmann (Seite 40,41,42,44,45,55,)
Renate Giesen (Seite 12[1],16[1],52,53,58[1]); Doris Melzer (Seite 75)
Axel Müller (Seite 26[1]); Ralf Emig (Seite 26)
Rainer Türk (Seite 12[1],20,21,26(2),30,31,38[2],67,72[1],79,84(2),100[1], 106 [1],111,112,114,115,121,122,127,129,130,131,132[2],133,135,138,139)
Martin Werner (Titelbild, Seite 15,16[1],17,33,34,39)
Odenwald Tourismus GmbH (Seite 29,)
Gemeinde Fischbachtal (Seite 12[1],13,)
Gemeinde Kirchzell (Seite 83,84[1],85,88)
Gemeinde Mudau (Seite 49,97,99,100[3])
Stadt Buchen (Seite 103, 106[2])
Markt Schneeberg (Seite 9,91,94,95); Stadt Walldürn (Seite 119,120,123)
www.armin-neuberger.de (Seite 47)
Tourismusgemeinschaft Miltenberg Bürgstadt Kleinheubach (Seite 51)
Gestaltung und Satz: Hubert Brunnengräber
Druck und Verarbeitung: Schleunungdruck GmbH, Marktheidenfeld
Verlag: Verlag Hubert Brunnengräber, Eichendorffstraße 22,
D-64653 Lorsch, Telefon (06251) 54122, Telefax (06251) 54135,
www.brunnengraeber-online.de

Die in diesem Buch verwendeten Kartenausschnitte stammen aus den Topographischen Freizeitkarten im Maßstab 1:20 000, TF 20-2,5,6,7,8,9,10,11,18,19 und 20, die im Buchhandel erhältlich sind.

ISBN: 978-3-9815299-6-8

Inhalt

Vorwort

Pilgern ist zeitlos. Seit jeher haben sich Menschen aller Kulturen und Religionen auf den Weg gemacht, um bestimmte sakrale Orte ihres Glaubens zu erreichen. Die Anlässe hierzu waren oft sehr unterschiedlich: das Einlösen eines Versprechens, die wundersame Rettung aus großer

Gefahr und Not oder der bislang unerfüllte Wunsch nach Kindersegen und Glück.

Der Pilger verlässt sein „Zuhause", den Alltag mit seinen Gewohnheiten und seiner Geborgenheit, und er macht sich auf den Weg zu neuen Erfahrungen und Erkenntnissen. Dieser Aufbruch verlangt die Bereitschaft zur Konfrontation mit neuen Eindrücken und Erlebnissen, deren Folgen der Pilger erst bei seiner Wanderung erleben wird.

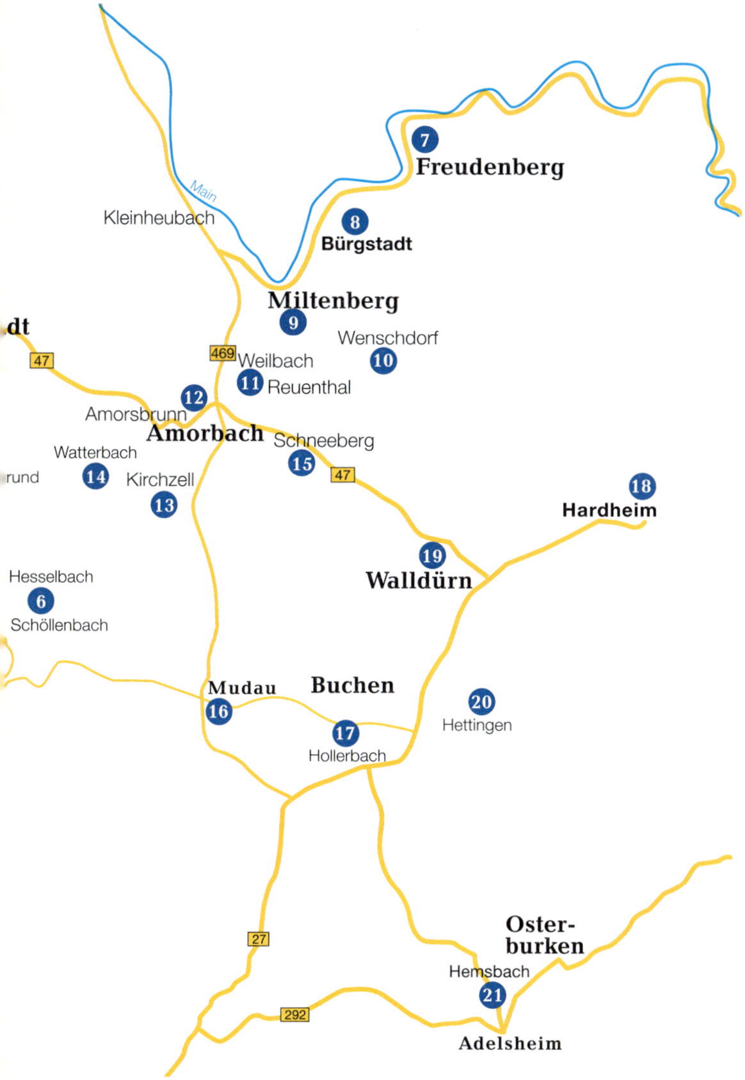

Diese neuen Erfahrungen bedingen ein ständiges Hinterfragen seiner Einstellung und seiner Entscheidungen. Der Pilgerweg ist daher voller Überraschungen und Abenteuer, der den Wanderer mit seinen eigenen Stärken und Schwächen konfrontiert, ihm die Grenzen seiner Fähigkeiten aufzeigt und Körper und Seele neuen Anforderungen unterwirft.

Nach Augustinus lebt im Menschen die Sehnsucht nach dem Neuen und dem Unbekannten. Sie treibt ihn hinaus aus dem Einerlei des Alltags und aus der Enge seiner gewohnten Umgebung. Doch alles Neue, das er unterwegs sieht und erlebt, kann seine Sehnsucht niemals ganz erfüllen.

Im Mittelalter war das Pilgern fast ausschließlich religiös motiviert. Man brach auf zu heiligen Stätten: zum Grab eines Heiligen oder zu Wallfahrtsorten. Heute entspringt die Motivation viel mehr dem Bedürfnis, sich aus dem Alltag auszuklinken, um Körper, Geist und Seele frei zu machen für neue Eindrücke, Empfindungen und Erlebnisse. Ich packe meinen Rucksack und reduziere meine Bedürfnisse auf das Notwendigste. Ich mache mich frei

von meiner gewohnten Umgebung, vom Arbeitsplatz, von Terminen und Telefonaten und öffne Körper, Geist und Seele den neuen, stets wechselnden Eindrücken. Ich genieße den Augenblick, ohne vom Alltagsgeschäft abgelenkt zu werden. Mit jedem Schritt, mit dem ich mich vom hektischen Alltag mit seinen Sorgen, Nöten und Problemen weiter entferne, gewinne ich an innerer Ruhe, Ausgeglichenheit und Frieden. Hier unterscheidet sich der meditative Wanderer vom sportlichen Wanderer. Sein Blick ist nicht auf das Ziel gerichtet, sondern auf den Augenblick. Es ist eine neue Erfahrung, sich bewusst und ungestört dem Augenblick hinzugeben, den Blick frei zu haben für die Umgebung, Details zu erfassen und sich an ihnen zu erfreuen. Dinge, an denen man vorher achtlos vorbeigegangen ist, gewinnen an Bedeutung.

Das Madonnenländchen

Der Name „Madonnenländchen" ist kein geographischer Begriff, sondern wurde aufgrund einer überdurchschnittlichen Verbreitungsdichte von Marienstatuen, Bildstöcken, Kreuzen und Kapellen von Touristikern für eine Region geprägt, die Teile des badischen und bayerischen Odenwaldes umfasst. In dem uneingeschränkten Einflussbereich der Bistümer Mainz und Würzburg konnten sich Ausdrucksformen des katholischen Glaubens ungehindert verbreiten.

Der Brauch der Setzung von Bildstöcken erfolgte vermutlich aus dem fränkischen Raum von Osten her. Die ältesten Bildstöcke stammen aus dem 15. Jahrhundert (Breitenbach 1483). Sie tragen keine Inschriften und geben keine konkreten Hinweise zum Motiv ihrer Aufstellung. Es sind grob bearbeitete Sandsteinsäulen mit Häuschen. Daneben findet man auch Holzbildstöcke, die billiger hergestellt werden konnten. Ab dem 16. Jahrhundert findet man dann die Jahreszahl der Setzung sowie die Initialen seines Stifters. Ende des Jahrhunderts erscheinen vereinzelt längere Texte, die den ganzen Schaft einbeziehen können. Anlässe zur Setzung von Bildstöcken sind vielfältig. Wie bei den Kreuzen könnte es eine in einem Sühnevertrag eingebundene Verpflichtung gewesen sein, wonach der Täter neben finanziellen Entschädigungen an die Familie des Getöteten auch die Buße auferlegt bekam, zum Gedenken an den Verstorbenen ein Kreuz oder einen Bildstock zu errichten. Nach Aufhebung der Blutrache wurden solche Sühneverträge außer Kraft gesetzt, was zu einem Rückgang der Steinkreuzsetzungen führte. Davon nicht betroffen waren Steinsetzungen zur Erinnerung an einen tödlich Verunglückten, für dessen Seelenheil man eine Betstätte schaffen wollte. Auch das eigene Seelenheil sowie der Wunsch um Schutz für Hab und Gut war vielfach Anlass für derartige Steinsetzungen. Dies dürfte den größten Teil der heutigen Steinkreuze ausmachen.

Bei der Standortwahl war meist eine Zweckbestimmung ausschlaggebend. Bevorzugter Standort in der Feldflur, wenn nicht die Erinnerung an ein tragisches Geschehen bewahrt werden sollte, waren viel begangene Wegkreuzungen und Bergkuppen, um die Vorübergehenden zur Rast und einem kurzen Gebet anzuhalten. Auch erhoffte man sich durch die Aufstellung von Kreuzen und Bildstöcken den Schutz der Feldflur vor Unwetter oder Dürre.

Stand der Bildstock am Dorfeingang, so sollte das Dorf vor Krankheiten, Seuchen, Feuer und anderem Unheil geschützt werden. Ähnliches galt für den Standort vor einem Hof oder auf einer Brücke. Der ursprüngliche Standort eines Bildstockes ist also wesentlicher Teil seiner Identität. Auch Gelübde und geheime Wünsche wie nach ausgebliebenen Kindersegen waren Anlässe zur Aufstellung von Bildstöcken und zum Bau kleiner Kapellen.

Nach dem Dreißigjährigen Krieg entwickelte sich der Tafelbildstock zur dominierenden Form. Nachteil der immer aufwändiger gearbeiteten Denkmäler war der Preis, der von der durchweg armen Bevölkerung nicht immer bezahlt werden konnte. So kam es zu qualitativ sehr unterschiedlichen Arbeiten. Schwerpunkte der Ikonographie waren das Walldürner Blutbild, die Dreifaltigkeit und die Heilige Familie. Grundsätzlich waren die Bildstöcke farbig ausgestaltet. Die Farbe war ein unerlässliches Mittel der Anschaulichkeit. Ein farbloses Bild galt als unfertig.

In der Neuzeit wurden Bildstöcke oftmals an andere Standorte versetzt, da sie die Feldarbeit, den Wegebau oder die Flurbereinigung behinderten.

Auf dem St.-Jost-Pilgerweg

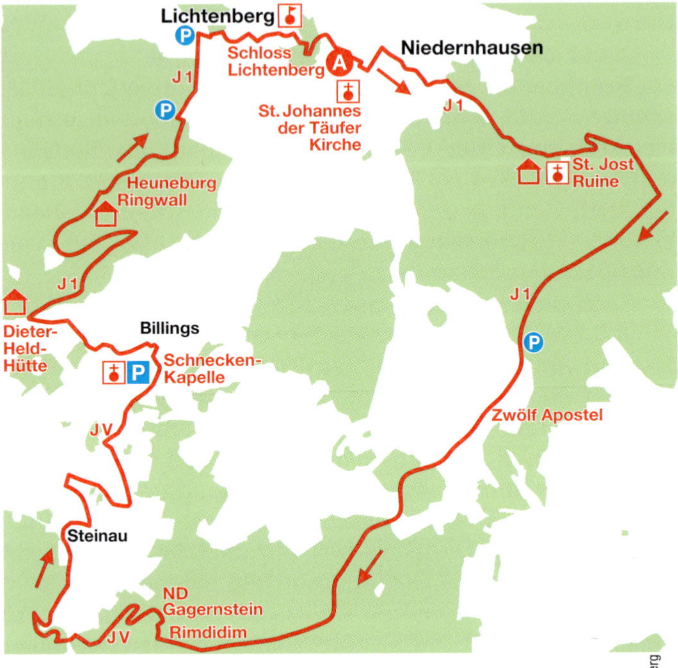

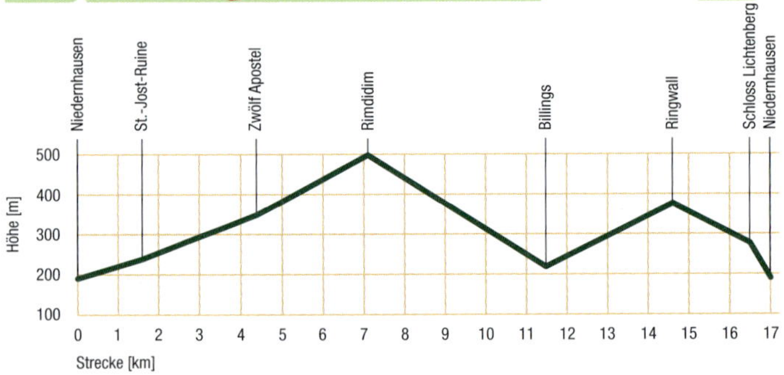

Der Heilige Jodokus

Jodokus, auch Jost genannt, war Sohn eines bretonischen Königs. Als sein älterer Bruder in ein Kloster eintrat, sollte Jost die Erbfolge antreten. Er bat um 8 Tage Bedenkzeit und schloss sich, um den Thron nicht besteigen zu müssen, einer zufällig vorbeikommenden Pilgergruppe an.

Jodokus kam an den Hof des Grafen Haymon in der Picardie, der ihm das Priesterstudium ermöglichte und dessen Hofkaplan er wurde. Nach 7 Jahren aber zog es Jodokus in die Einsamkeit. Erneut unterstützte ihn Graf Haymon und errichtete ihm eine Klause. Später zog Jodokus beim heutigen Montreuil-sur-Mer auf eine Flussinsel, fütterte Fische und Vögel, die der Legende nach zahm wurden, und führte ein völlig zurückgezogenes Leben. Dreimal erschien ihm im Traum Jesus als Bettler, und jedes Mal teilte er sein Brot mit dem Heiland. Als Jodokus eines Tages von einer Schlange gebissen wurde, zog er in den heute nach ihm benannten Wald „Bois-de-Saint-Josse" und errichtete dort eine Kapelle, die er Petrus und Paulus weihte.

Wir sind Pilger, die auf verschiedenen Wegen einem gemeinsamen Ziel zuwandern.
(Antoine de St.-Exupéry)

Um 665 unternahm Jodokus eine Wallfahrt nach Rom. Auf seinem Rückweg heilte er ein blindes Mädchen. Inzwischen war seine Einsiedelei, aus der später das Kloster St.-Josse-sur-Mer entstand, weiter ausgebaut worden. Dort verstarb er um 669 im Alter von etwa 70 Jahren.

Jodokus galt im Mittelalter neben Jakobus als Patron der Pilger. In zahlreichen Wallfahrtsorten werden beide gemeinsam verehrt. In Deutschland verbreitete sich seine Verehrung vor allem über die Reichsabtei Prüm in der Eifel. Gleichzeitig wuchs die Verehrung des Jodokus in ganz Europa.

St. Jost Kapelle

In der Waldeinsamkeit des Fischbachtals wurde dem heiligen Jost, eine Kapelle errichtet. Auf dem Siegel des Gerichts zu Hausen von 1536 ist die St-Jost-Kapelle in stilisierter Form zu sehen.

Die Herren von Katzenelnbogen waren die Herren von Lichtenberg und kannten auf Grund der familiären Nähe zur Reichsabtei Prüm die St.-Jost-Verehrung. Sie gelten als Gründer eines Siechenhauses nebst einer Kapelle im Fischbachtal. Anfang des 19. Jahrhunderts wurden die noch vorhandenen Überreste abgetragen und die Ruine als Steinbruch genutzt. Heute findet man an der Stelle der ehemaligen Kapelle eine Gedenkstätte mit Altar, Kreuz und Schutzhütte.

Auf dem St.-Jost-Pilgerweg

Charakteristik: *Besinnlicher Wanderweg mit traumhaften Aussichten*
1 *Ausgangspunkt:* *Fischbachtal, Ortsteil Niedernhausen*
Wanderkarte: *TF 20-2 „Nördlicher Vorderer Odenwald"*
Markierungen: *J 1 – J v – J 1*

Ort	**km**	**Zeit**	**Höhe**
Niedernhausen	*0,0*	*0:00*	*190*
St.-Jost-Ruine	*1,6*	*0:30*	*240*
Zwölf Aposteln	*2,8*	*1:00*	*350*
Rimdidim	*2,7*	*1:00*	*498*
Billings	*4,4*	*1:20*	*220*
Ringwall	*3,1*	*1:10*	*376*
Schloss Lichtenberg	*1,9*	*0:35*	*278*
Niedernhausen	*0,5*	*0:10*	*190*
Gesamtstrecke	*17,0*	*5:45*	

Informationen

Von der St.-Johannes-der-Täufer-Kirche führt der mit **J 1** markierte ökumenische Pilgerweg über den Fischbach zur **St.-Jost-Ruine**.

Von dort geht es hinauf zu den **„Zwölf Aposteln"** auf der Nonroder Höhe.

Diese Wegekreuzung wurde nach einer ehemals mehrstämmigen, allein stehenden Baumgruppe benannt, die vor einigen Jahren abgestorben ist und 2008 durch eine Neuanpflanzung ersetzt wurde. Auf diesem Wegabschnitt hat man eine prachtvolle Fernsicht. Danach verläuft der Pilgerweg durch den Wald zum **„Rimdidim"**.

Dieser seltsame Name entstand 1898, als ein Orkan den gesamten Buchenbestand umgeknickt hatte und Bürgermeister und Oberförster feststellten, dass man fortan von diesem Felsen „rimdidim" (rundherum) schauen könne. Hier wechseln wir auf den Verbindungsweg **J v** und gehen hinab zum Gagernstein und von dort am Ortsrand von Steinau vorbei nach **Billings**.

Die dortige „Schnecken-Kapelle" verdankt ihren Namen dem auffälligen Baustil, der einem Schneckenhaus ähnelt und den Betrachter ins Innere der Kapelle zu ziehen scheint. Oberhalb von Billings stoßen wir an der Dieter-Held-Hütte wieder auf den Pilgerweg **J 1** und folgen ihm nach rechts zum **keltischen Ringwall**.

Von der Fliehburg führt der Weg hinab zum **Schloss Lichtenberg**.

Das Renaissanceschloss Lichtenberg ist der Nachfolgebau einer frühmittelalterlichen Ritterburg der Grafen von Katzenelnbogen, die 1228 erstmals urkundlich erwähnt wurde. 1479 fiel die Burg durch Erbfolge an die hessischen Landgrafen, die von 1570–1581 die Burg zum ersten Renaissanceschloss im südhessischen Raum umbauen ließen. Vom Schloss gehen wir durch den Burgwald hinab zum Ausgangspunkt unserer Wanderung.

Schwierigkeit: anspruchsvoll

Zur Not Gottes

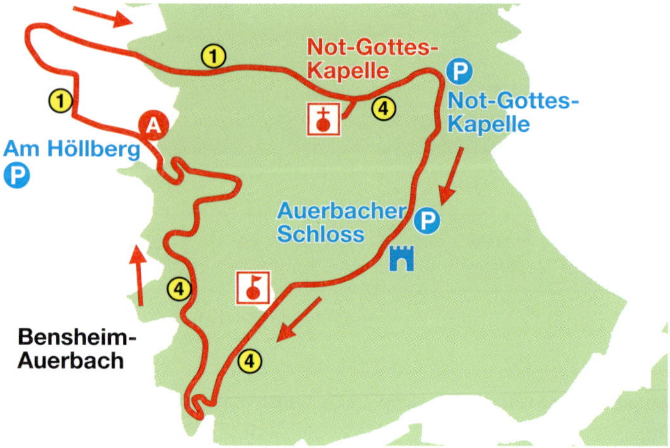

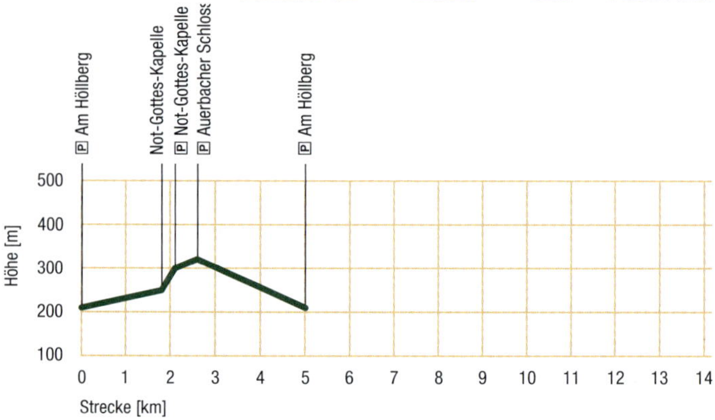

Zur Not Gottes

Vom 11. bis zum 12. Jahrhundert befand sich in einem Talschluss neben einer als heilkräftig angesehenen Quelle eine Einsiedelei. Sie bestand aus einem einfachen Holzgebäude. Als die Grafen von Katzenelnbogen auf dem Urberg ihre Burg errichteten, bauten sie bei der Einsiedelei auch eine Kapelle und statteten diese mit dem Gnadenbild des betenden Heilands am Ölberg aus, auf dem die Qual und die Todesangst Christi erkennbar waren.

Schon bald wurde die Kapelle Ziel zahlreicher Wallfahrer und Betstätte für die Armen und Bedrängten. Da sie aber zu klein war, ließen die Grafen die Kapelle im Stil einer spätromanischen Saalkirche erweitern und an Stelle der alten Einsiedelei wurde ein zweiräumiges Pfostenhaus als Wohnung für den Kaplan errichtet. Dieser versah auch den Gottesdienst auf der Burg. In Anlehnung an den ehemals in einer Einsiedelei lebenden Kaplan, nannte man diese Wallfahrtsstätte „Zu den Einsiedeln". Die Namensänderung in „Zur-Not-Gottes" dürfte auf das Gnadenbild in der Kapelle zurückzuführen sein und in einem gewandelten Verständnis vom leidenden Christus. Verehrte man im frühen Mittelalter Christus als den thronenden Herrscher, so wurde im 13. und 14. Jahrhundert immer mehr der leidende und gekreuzigte Erlöser angebetet und in dem Schmerzenbild Trost und Stärkung für das eigene Leid gesucht.

Ein bedeutsamer Schritt besteht darin, dem anderen auf halbem Weg entgegenzukommen.
(Unbekannter Autor)

Mit Einführung der Reformation wurde die Wallfahrt aufgehoben und die Kirche samt Nebengebäude abgerissen. 1891 erinnerte man sich an den einstigen Wallfahrtsort und erste Ausgrabungen wurden vorgenommen. Auch die mittelalterliche Tradition der Wallfahrt wurde wieder aufgenommen.

Zur Not Gottes

Charakteristik: *Auf alten Pilgerwegen durch den Burgwald*
Ausgangspunkt: *[P] Am Höllberg, Auerbach*
Wanderkarte: *TF 20-5 „Bergstraße – Odenwald"*
Markierungen: ① – ♜ – ④

2

Ort	**km**	**Zeit**	**Höhe**
[P] Am Höllberg	*0,0*	*0:00*	*210*
Not-Gottes-Kapelle	*1,8*	*0:40*	*250*
[P] Not-Gottes-Kapelle	*0,3*	*0:10*	*300*
[P] Auerbacher Schloss	*0,5*	*0:10*	*320*
[P] Am Höllberg	*2,4*	*0:45*	*210*
Gesamtstrecke	*5,0*	*1:45*	

2

Informationen

Vom Parkplatz folgen wir dem Rundweg ① in nördlicher Richtung durch die Weinberge. Dieser Wegabschnitt bietet eine herrliche Aussicht auf die Bergstraße und die Rheinebene. Nach etwa einer Viertelstunde biegt die Markierung scharf rechts ab und führt steil bergauf in ein enges Seitental zur **Not-Gottes-Kapelle**.

Die heutige Kapelle wurde 1960 errichtet und steht auf den Grundmauern des Chores der ehemaligen Wallfahrtskapelle. Sie ist eine schlichte, rechteckige Saalkirche mit einem nach Westen ausgerichteten Walmdach. In der Gaupe über dem Eingang befindet sich die Glocke. 1991 wurden weitere Ausgrabungen durchgeführt und weitere Grundmauerreste der alten Kapelle freigelegt und restauriert. Heute findet alljährlich an Christi Himmelfahrt ein ökumenischer Gottesdienst, das „Notgottesfest", statt. Von der Kapelle gehen wir zurück zum Pilgerpfad und folgen von dort dem Rundweg ④ bergauf zum Parkplatz **„Not-Gottes-Kapelle"**.

Auf dem Parkplatz jenseits der Straße halten wir uns rechts und folgen der Markierung zum Parkplatz **„Auerbacher Schloss"**.

Hier verlassen wir den Rundweg ④ und folgen dem Burgensteig ♜ zum Schloss. Im frühem 13. Jahrhundert errichteten die Grafen von Katzenelnbogen auf dem schwer zugänglichen Urberg eine 1247 erstmals urkundlich erwähnte Befestigungsanlage. Im späten 14. Jahrhundert bauten die Grafen sie zur größten und mächtigsten Burg an der nördlichen Bergstraße aus. 2008 wurde das Auerbacher Schloss zum beliebtesten Baudenkmal Hessens gewählt. Vom Schloss gehen wir den steilen Burgberg hinab. Unterwegs stoßen wir wieder auf den Rundweg ④ und folgen ihm zunächst weiter abwärts und dann rechts am Berghang entlang zurück zum Parkplatz **„Am Höllberg"**.

Schwierigkeit: Steigungen

Zum Kreuzberg

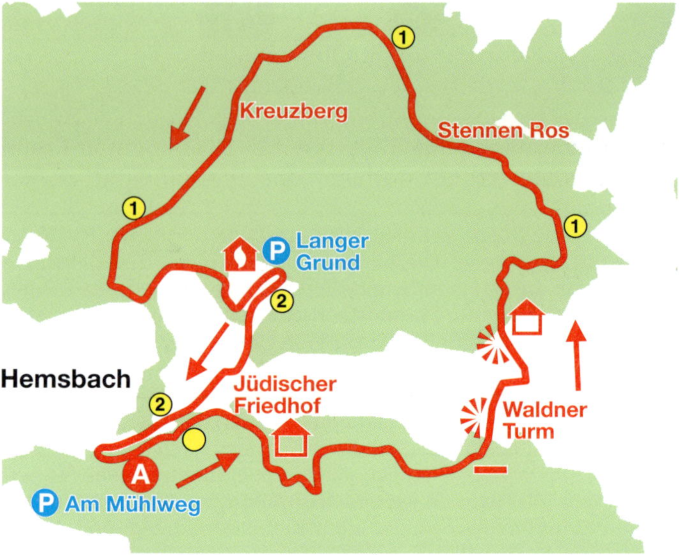

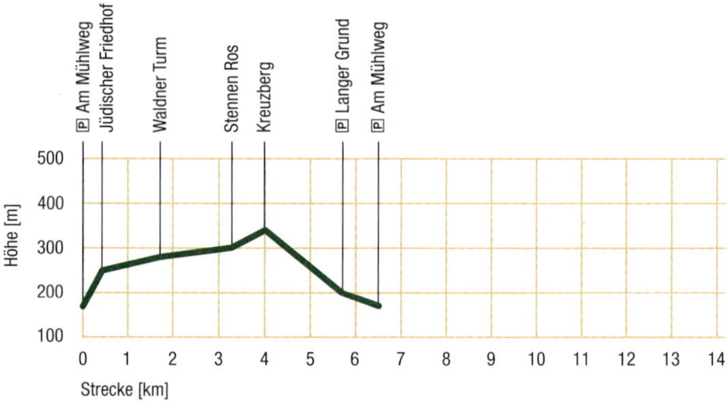

Der Kreuzberg

Der Kreuzberg im Odenwald ist, ebenso wie sein bekannter Namensvetter in der Rhön, eine alte Wallfahrtsstätte mit wechselvoller Vergangenheit. Im Mittelalter stand hier eine Kapelle „Zum heiligen Kreuz", die von Lorscher Mönchen betreut wurde und Ziel zahlreicher Wallfahrten war. Nach Einführung der Reformation in der Kurpfalz untersagte man die Wallfahrten und überließ die Kapelle dem Verfall. Der Gedanke an die Wallfahrt aber riss bei der Bevölkerung nie ab. Anlass war vor allem ein Ablassbrief aus dem Jahre 1521 vom Reichstag zu Worms, in dem die „Kapelle des Heiligen Kreuzes auf dem Berg nahe Hemsbach" ausdrücklich genannt wurde. Im 18. Jahrhundert baute man daher die Kapelle neu auf, und ein Eremit betreute die Wallfahrtsstätte. Während der Säkularisation wurde die Einsiedelei aufgegeben, und badische Eiferer zerstörten erneut die Wallfahrtsstätte. 1893 konnten Kreuz und Stationen erneut errichtet und die Wallfahrt wieder aufgenommen werden.

Nutze die Zeit, um Zeichen zu setzen, die prägen und anderen helfen, den Weg weiterzugehen.
(Antoine de St.-Exupéry)

Der Kreuzweg

Der Kreuzweg ist der Leidensweg Christi, auf dem er vom Haus des Pilatus in Jerusalem bis nach Golgatha das Kreuz trägt. In all den vergangenen Jahrhunderten haben sich immer wieder Gläubige an diesen letzten Leidensweg von Jesu erinnert.

In Jerusalem hielt man anfangs nur an 2 Stationen inne, am Haus des Pilatus, als dem Ort der Verurteilung, und auf der Höhe von Golgatha, dem Ort der Kreuzigung. Nach und nach entstanden weitere Stationen. Im 14. Jahrhundert fanden in Jerusalem unter der Führung der

3

Franziskaner Prozessionen für Pilger auf dem Leidensweg Christi statt. Sie brachten diese Andachtsform mit in ihre Heimatländer. In Anlehnung an die sieben Tagzeiten des Stundengebets, wurde der Kreuzweg im deutschen Sprachraum in 7 Stationen unterteilt. Seit Beginn des 17. Jahrhunderts erfolgte eine Einteilung in 14 bebilderte Stationen. Sie zeigen den Weg vom Haus des Pilatus bis zur Grablegung. 1731 wurde diese Form des Kreuzweges vom Papst Clemens XII. als kanonisch anerkannt und mit Ablässen bedacht. In der Folge entstanden nach diesem Modell in Franziskanerklöstern Kreuzwege, die sich im 19. Jahrhundert in Kirchenräumen schnell verbreiteten. Die eigene Kirche war dann Abbild einer 15. Station. In Süddeutschland findet man als 15. Station auch die Kreuzauffindung durch Kaiserin Helena. Ebenso war die Auferstehung Jesu Christi, das leere Grab, Darstellung einer 15. Station.

Die Kreuzwegandacht schließt neben dem Gedanken an den Leidensweg von Jesus Christus auch das Gedenken an zu Unrecht verurteilte, verfolgte, getötete oder verspottete Personen ein.

Die Kreuzwegstationen

1. Station *Jesus wird verurteilt*
2. Station *Jesus trägt das Kreuz*
3. Station *Jesus fällt zum ersten Mal*
4. Station *Jesus begegnet seiner Mutter*
5. Station *Simon von Cyrene hilft Jesus das Kreuz tragen*

6. Station *Veronika reicht Jesus das Schweißtuch*
7. Station *Jesus fällt zum zweiten Mal*
8. Station *Jesus begegnet den weinenden Frauen*
9. Station *Jesus fällt zum dritten Mal*
10. Station *Jesus wird seiner Kleider beraubt*
11. Station *Jesus wird ans Kreuz genagelt*
12. Station *Jesus stirbt am Kreuz*
13. Station *Jesus wird vom Kreuz genommen*
14. Station *Jesus wird ins Grab gelegt*

Zum Kreuzberg

Charakteristik: *Auf stillen Wegen zur Wallfahrtsstätte*
Ausgangspunkt: *Hemsbach, P Am Mühlweg*
Wanderkarte: *TF 20-8 „Bergstraße – Weschnitztal“*
Markierungen: ● *(gelb)* – ▬ *(rot)* – ① – ②

3

Ort	km	Zeit	Höhe
P *Am Mühlweg*	*0,0*	*0:00*	*170*
Jüdischer Friedhof	*0,4*	*0:10*	*170*
Waldner Turm	*1,3*	*0:30*	*280*
Stennen Ros	*1,5*	*0:30*	*300*
Kreuzberg	*0,8*	*0:20*	*340*
P *Langer Grund*	*1,7*	*0:30*	*200*
P *Am Mühlweg*	*0,8*	*0:15*	*170*
Gesamtstrecke	*6,5*	*2:15*	

3

Informationen

Vom Parkplatz folgen wir der OWK-Markierung ● (gelb) das Hemsbachtal aufwärts zum **jüdischen Friedhof**.

Der jüdische Friedhof wurde 1674 angelegt und diente den umliegenden Gemeinden als Verbandsfriedhof. Die letzte Bestattung wurde 1940 vorgenommen. Auf dem weitläufigen Gelände befinden sich über 1000 Grabsteine. Der OWK-Wanderweg führt uns am Friedhof vorbei auf die Höhe. Dort stoßen wir auf die OWK-Markierung **—** (rot) und folgen dieser nach links zum **Waldner Turm**.

Dieser Turm wurde Mitte des 19. Jahrhunderts von dem unterhalb des Bergrückens wohnenden Waldnerhof-Bauern gebaut. Wegen seiner vier kleinen Ritterskulpturen wird er auch „Vier-Ritter-Turm genannt. Vom Turm folgen wir weiterhin dem „roten Strich". Etwa eine Viertelstunde nach Waldeintritt verlassen wir die OWK-Markierung und gehen mit dem Rundweg ① nach links zum **„Stennen Ros"**.

Der einem liegenden Pferd ähnelte Granitfelsen wurde bereits 805 als Grenzmarke im Lorscher Codex erwähnt und ist ebenfalls auf der steinernen Urkundenplatte des Kirchspiels Heppenheim aufgeführt. Vom „Stennen Ros" folgen wir dem Rundweg ① zu einem ausgebauten Forstweg und auf diesem nach links zum **Kreuzberg**.

Der im Volksmund auch „Zur Eich" genannte Kreuzberg ist mit 340 m der Hausberg von Hemsbach. Die 14 gusseisernen Stationsbilder und ein Altarkreuz kennzeichnen ihn als einen Ort der Begegnung und der Besinnung. Von hier folgen wir dem Rundweg ① nach links hinab zum Wanderparkplatz **„Langer Grund"**.

Vom Parkplatz gehen wir mit dem Rundweg ② das Hemsbachtal abwärts zurück an unseren Ausgangspunkt.

Schwierigkeit: leicht

Zur Kapellenruine „Unserer Lieben Frau“

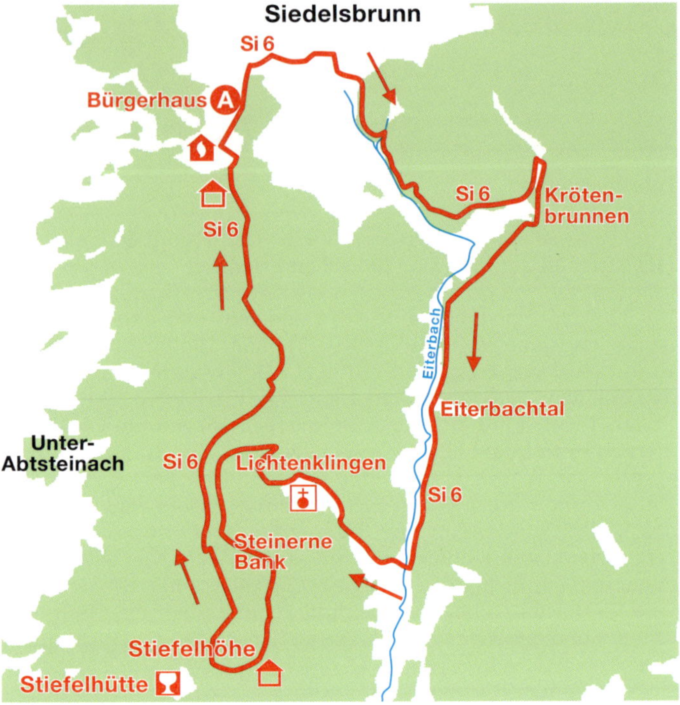

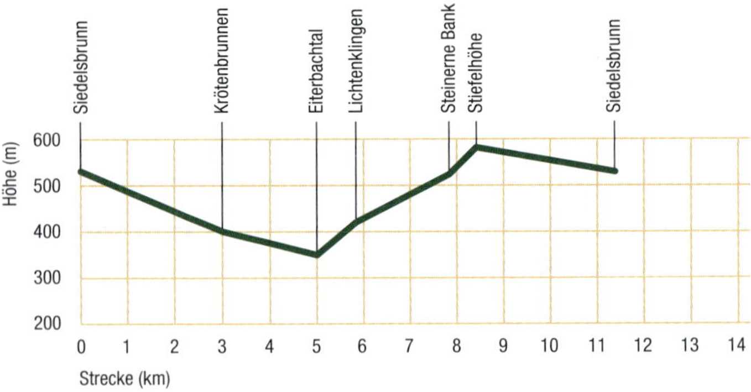

Lichtenklingen

Alljährlich veranstalten gläubige Christen eine Wallfahrt zur Kapellenruine „Unserer Lieben Frau“ im Lichtenklingen. Dabei wird die Muttergottesfigur mit dem Jesuskind auf dem Arm mitgeführt. Viele Sagen und Geschichten ranken sich sowohl um dieses Quellheiligtum als auch um die Kapelle und das Gnadenbild „Unserer Lieben Frau“.

Von den Kelten wissen wir, dass sie immer dort siedelten, wo sie frisches Wasser vorfanden. Quellen waren ihnen heilig und oft Stätten ihrer Götterverehrung. Auch von Lichtenklingen nimmt man an, dass dieser Ort ihnen bekannt war, zumal der Name „Eiterbach“ keltischen Ursprungs ist und „Euteraha“ (Lebensfluss) heißt.

Das genaue Jahr, in dem die Kapelle gebaut wurde, ist unbekannt. Vermutlich waren es Mönche aus dem Kloster Lorsch, die sie im 13. Jahrhundert an diesem verschwiegenen Ort errichteten und das umliegende Land urbar machten. Die urkundliche Ersterwähnung der Kapelle stammt aus dem Jahre 1387. Zu dieser Zeit war die Kapelle Stätte einer Marienwallfahrt und Karmelitermönche aus Weinheim versahen den Gottesdienst.

**Du musst geben,
bevor du nimmst –
und bauen,
bevor du wohnst.**
(Antoine de St.-Exupéry)

Mit Einführung der Reformation in der Kurpfalz fiel Lichtenklingen 1556 den Reformierten zu. Die Bewohner von Abtsteinach wurden nach Wald-Michelbach eingepfarrt und mussten auch dort ihre Toten begraben. Die Wallfahrten wurden untersagt und die Kapelle dem Verfall überlassen. Nur der Hof wurde weiter bewirtschaftet. Der Legende nach sollen zu dieser Zeit ein paar beherzte Unter-Abtsteinacher des Nachts nach Lichtenklingen gekommen sein, um die Muttergottesfigur mit dem Jesuskind auf dem Arm aus der verwaisten Kapelle zu holen und um sie in ihrer Kapelle in Unter-Abtsteinach aufzustellen. Aber trotz Bewachung, aus Angst vor reformierten Eiferern, war die Statue am nächsten Morgen verschwunden. Nach langem Suchen fand man sie endlich an ihrem angestammten Platz in Lichtenklingen wieder. Man nahm sie erneut mit nach Unter-Abtsteinach, aber auch ein zweites und ein drittes Mal kehrte die Heiligenfigur nach Lichtenklingen zurück. Erst als die Gläubigen sie ein viertes Mal geholt hatten, blieb sie an der neuen Stätte ihrer Verehrung.

Zur Kapellenruine „Unserer Lieben Frau"

Charakteristik:	*Auf romantischen Wegen und Pfaden zu einer alten Wallfahrtsstätte*
Ausgangspunkt:	*Siedelsbrunn, Bürgerhaus*
Wanderkarte:	*TF 20-9 „Der Überwald"*
Markierung:	*Si 6*

4

Ort	**km**	**Zeit**	**Höhe**
Siedelsbrunn	*0,0*	*0:00*	*530*
Krötenbrunnen	*3,0*	*0:50*	*400*
Eiterbachtal	*2,0*	*0:35*	*350*
Lichtenklingen	*0,8*	*0:20*	*420*
Steinerne Bank	*2,0*	*0:45*	*520*
Stiefelhöhe	*0,6*	*0:15*	*584*
Siedelsbrunn	*2,9*	*0:55*	*530*
Gesamtstrecke	*11,3*	*3:40*	

4

Informationen

Vom Bürgerhaus folgen wir dem Rundweg **Si 6** zum „Drei-Röhren-Brunnen" in den Ort. Von der Brunnenstraße biegen wir dann rechts in den Boschweg ein und laufen durch Streuobstwiesen und auf schönen Waldwegen hinab ins **Krötenbachtal**.

Von diesem idyllischen Talkessel führt der Wanderweg das **Eiterbachtal** abwärts.

Das in seinem Oberlauf völlig unberührte Tal gehört zu den schönsten Tälern im Odenwald. Nahe der hessisch-badischen Landesgrenze verlassen wir das Tal und folgen der Markierung ein Seitental aufwärts zur **Kapellenruine Lichtenklingen**.

Neben der Kapelle stand früher ein Hof. Mitte des 19. Jahrhunderts war er dermaßen abgewirtschaftet, dass er abgerissen werden musste. Heute erinnern nur noch ein forstwirtschaftlich genutztes Gebäude und Grundmauerreste an den Hof.
Von der Kapelle gehen wir den Hang aufwärts und biegen unterhalb der Höhe auf einen völlig eben verlaufenden Hangweg ein, den Rentnerweg. Auf ihm kommen wir zur **„Steinernen Bank"**.

Diese 4,5 m lange, aus Buntsandstein gearbeitete Bank, ist ein schönes Beispiel für die zahlreichen Gebrauchsgegenstände, die früher aus dem relativ weichen Stein gefertigt wurden. Die Bank steht am Rande einer Abraumhalde eines still gelegten Sandsteinbruches und bietet einen herrlichen Blick hinab ins Eiterbachtal. Kurz hinter dem Steinbruch biegt unser Wanderweg rechts ab und führt hinauf zur **Stiefelhöhe**.

Die Stiefelhöhe ist sowohl Grenzpunkt der Bundesländer Hessen und Baden-Württemberg als auch kommunaler Grenzpunkt zwischen Heiligkreuzsteinach, Abtsteinach und Wald-Michelbach. Von hier folgen wir dem Höhenrücken zurück nach **Siedelsbrunn**.

Schwierigkeit: mittel

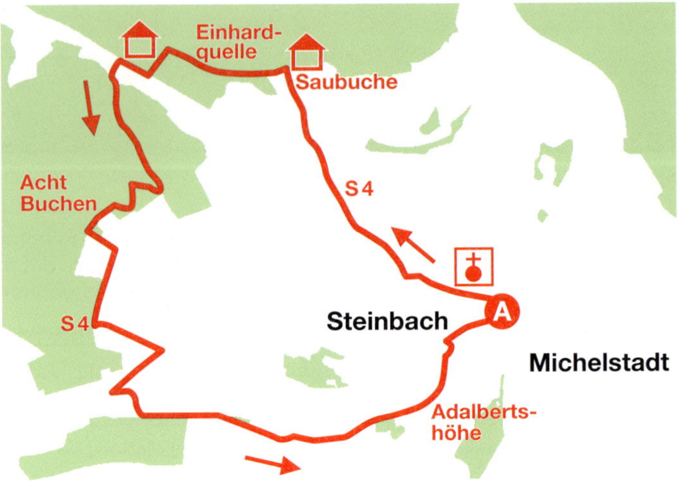

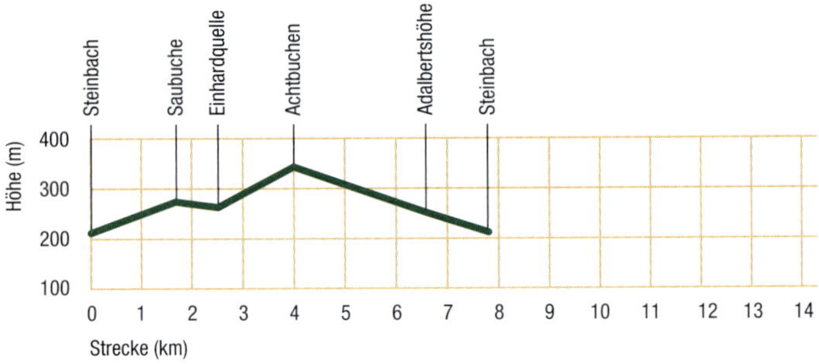

Die Einhardbasilika

Einhard, einer der klügsten Männer seiner Zeit, avancierte am Hofe Karls des Großen zum Botschafter, Berater, Biographen und engsten Vertrauten des Kaisers. Seine wichtigste Aufgabe am Hof aber war die des „Vorstehers der Bauten", im heutigen Sprachgebrauch der Minister des Staatsbauwesens. 806 nutzte Einhard eine Reise nach Rom zum Studium altchristlicher Basiliken. Der Dom zu Aachen, die Abteikirche in Seligenstadt, vor allem aber seine eigene Basilika in Steinbach bezeugen den italienischen Einfluss.

Einhard hatte vom Kaiser Ludwig dem Frommen, dem Sohn Karls des Großen, im Jahre 815 für seine großen Verdienste die Mark „Michilinstat" geschenkt bekommen. In der Absicht dort seinen Lebensabend zu verbringen, ließ Einhard am Mümlingufer eine Basilika errichten, in dessen Krypta er beigesetzt werden wollte. Er ließ daher die Reliquien zweier Heiliger, Marcellinus und Petrus, hierher bringen und in der Krypta aufbewahren. Einhards Gefolgsleute vernahmen jedoch im Traum den Wunsch der beiden Heiligen, ihre Gebeine in ein „freundlicheres" Gebiet zu bringen. Daraufhin ließ Einhard im Januar 820 ihre Gebeine nach Seligenstadt überführen und siedelte ebenfalls dorthin über, wo er 840 als Abt des von ihm gegründeten Klosters verstarb.

Man sagt immer, dass die Zeiten die Dinge ändern, aber in Wirklichkeit muss man sich selbst ändern.
(Andy Warhol)

Nach seinem Tod fiel der Besitz an das Kloster Lorsch, das dort ein Benediktinerkloster einrichtete. Mit Einführung der Reformation wurde das Kloster aufgehoben und das Gebäude als Hospital genutzt. Nach dem Dreißigjährigen Krieg wurden die baufällig gewordenen Gebäude abgerissen und die Basilika als Lagerhaus genutzt. Dadurch blieb sie von Umbauten verschont und konnte ihren ursprünglichen Baubestand bewahren. Erst 1873 erkannte man, dass es sich bei der „alten Scheuer" um die Einhardbasilika handelte.

Auf Einhards Spuren

Charakteristik: *Meditative Wanderung rund um die Basilika*
Ausgangspunkt: *P Einhardbasilika, Steinbach*
Wanderkarte: *TF 20-6 „Mittlerer Odenwald“*
Markierung: *S 4*

5

Ort	km	Zeit	Höhe
Steinbach	*0,0*	*0:00*	*210*
Saubuche	*1,7*	*0:40*	*280*
Einhardquelle	*0,8*	*0:15*	*260*
Acht Buchen	*1,5*	*0:30*	*341*
Adalbertshöhe	*2,6*	*0:45*	*250*
Steinbach	*1,2*	*0:20*	*210*
Gesamtstrecke	*7,8*	*2:30*	

Informationen

5

Vom Parkplatz folgen wir dem Wanderweg **S 4** die Höhenstraße aufwärts zur Saubuche. Oberhalb des Ortes ergibt sich eine herrliche Aussicht hinab ins Mümlingtal und auf das Michelstädter Becken. Info-Tafeln des in Teilbereichen parallel verlaufenden „Kultur-historischen Wanderwegs" von Steinbach geben Erläuterungen zum früheren Bergbau und zu den Kalksteingruben.

Von der dortigen Schutzhütte hat man einen herrlichen Blick hinab auf Michelstadt. Dann wenden wir uns nach links und kommen zur **Einhardquelle** mit Rastplatz und Schutzhütte.

Von dort laufen wir auf einem Waldpfad zum „Großen See". Die hier liegenden riesigen Schlackenreste stammen aus einem mittelalterlichen Hochofen, der vor 1578 hier in Betrieb war. Vom See führt der Weg hinauf zum Forsthaus **„Acht Buchen"**.

Im 18. Jahrhundert war das gesamte Waldgebiet zwischen Rehbach und Steinbuch ein riesiger Wildpark der Erbacher Grafen. 1773 wurden, von anderen Wildarten ganz abgesehen, 600 Hirsche gezählt. Betreut wurde dieser Wildpark vom gräflichen Forsthaus „Acht Buchen". Der weitere Weg führt zunächst am Waldrand entlang mit einem herrlichen Blick hinab ins Steinbach- und ins Mümlingtal, und dann durch eine offene Landschaft, in der Obstbäume dominieren. Im Steinbachtal wechseln wir auf die andere Talseite und laufen talwärts zur **Adalbertshöhe**.

Auf der nach Graf Adalbert zu Erbach-Fürstenau (1861-1944) benannten Anhöhe stand früher ein Aussichtsturm, der 1917 wegen Baufälligkeit abgerissen wurde. An seiner Stelle befindet sich heute ein Rastplatz. Von der Anhöhe gehen wir hinab nach **Steinbach**.

Schwierigkei: leicht

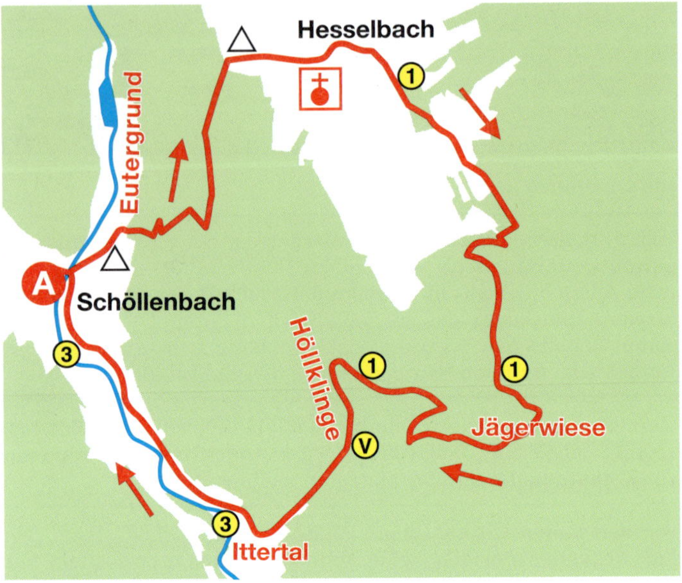

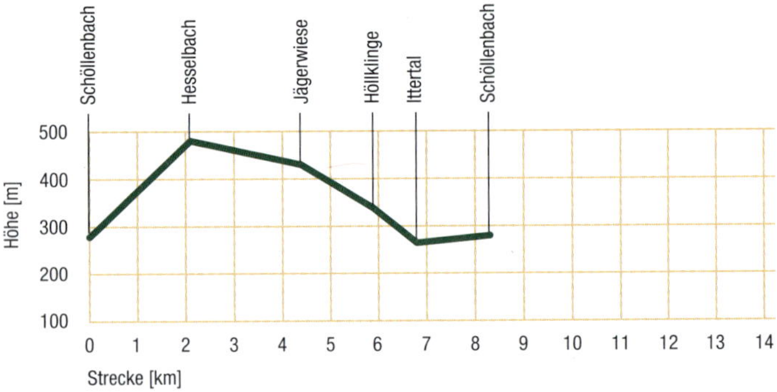

Evangelische Kirche Schöllenbach

Die ersten Siedler dürften sich schon im frühen Mittelalter in Schöllenbach niedergelassen und an der Stelle eines vorchristlichen Quellheiligtums eine Kapelle errichtet haben. Dieses Kirchlein wurde bald Ziel zahlreicher Wallfahrten, da dem dort sprudelnden Quellwasser eine besonders bei Augenleiden heilkräftige Wirkung zugesprochen wurde und in der Kapelle ein Marienbild mit einer

„wundertätigen Ausstrahlungskraft" zu sehen war. Dieses Gnadenbild zog Scharen von Pilgern an und veranlasste Schenk Philipp IV. von Erbach im Jahre 1465 die kleine Kapelle durch eine dreischiffige gotische Wallfahrtskirche zu ersetzen. Hinter dem Marienaltar, dem man angeblich Reliquien des Apostels Petrus und der heiligen Ursula beigefügt hatte, befand sich die Quelle, die in einem unterirdischen Gang abfloss. Noch heute tritt das Quellwasser an der südlichen Kirchengartenmauer an einem als Waschplatz gestalteten Quellbecken zutage und ergießt sich in die vorbeifließende Itter. 1515 stiftete Schenk Eberhard von Erbach anlässlich seiner Hochzeit mit Marie von Wertheim der Kapelle einen kostbaren, holzgeschnitzten Flügelaltar. Dargestellt ist die Wurzel Jesse mit zwölf Königen als Stammväter Christi und in dem Strahlenkranz, alle überragend, Maria mit dem Jesuskind auf dem Arm.

Was nützt es zu den Heiligtümern des Herrn zu pilgern, wenn das Herz nicht mitgeht?
(Heinrich Federer)

6

Nach Einführung der Reformation wurden die Wallfahrten untersagt, die Pfarrstelle aufgegeben, und in Schöllenbach fand kein Gottesdienst mehr statt. Nur zur Kirchweihpredigt und bei Todesfällen kam der Pfarrer von Beerfelden. So setzte allmählich der Verfall der Kirche ein. 1601 ließ Graf Georg von Erbach daher den Altar in

6

der neuen Erbacher Friedhofskapelle aufstellen, und 1872 fand er seinen endgültigen Platz in der Hubertuskapelle des Erbacher Schlosses. 1780 begann man die Ruine in das heutige Kirchlein umzugestalten. Die Mauern des Langhauses und der Kirchturm wurden abgerissen und der stehen gebliebene Chor der Kirche erhielt ein neues Dach. Das einstige Portal blieb als Eingangstor zum Kirchengarten erhalten. Die Kanzel brachte man auf einer Arkadensäule des ehemaligen Langhauses an. Der noch immer als heilkräftig angesehene Kirchbrunnen dient bis heute dem Grafenhaus Erbach und den Schöllenbachern als Taufwasser. Darüber hinaus benutzen es viele Einwohner als Heilwasser bei Unwohlsein sowie gegen Augen- und Frauenleiden.

Katholische Pfarrkirche St. Luzia und St. Odilia

Die katholische Pfarrkirche St. Luzia und St. Odilia in Hesselbach wurde in ihrer heutigen Gestalt 1766 neu errichtet. Ihre Anfänge aber reichen bis ins 13. Jahrhundert zurück.

Im Mittelalter wurde der kleine Ort durch seine bei Augenleiden, Kopfschmerzen und Kindererkrankungen als heilkräftig angesehenen Quelle weithin bekannt. Benediktinermönche erbauten um 1400 über der Quelle eine kleine Kapelle und weihten sie der heiligen Odilia. Diese, im Jahre 620 blind geborene Tochter des elsässischen Herzogs Eticho, soll durch die Taufe sehend geworden sein. Kapelle und Quelle wurden fortan Ziel zahlreicher Wallfahrten. Betreut wurde Hesselbach von dem Pfarrer von Mudau, der mehrmals wöchentlich den langen Weg nach Hesselbach auf sich nahm.

Im Dreißigjährigen Krieg wurde der Ort verwüstet und niemand überlebte. Doch bald nach Kriegsende wurde das Kirchlein wieder aufgebaut, und die Wallfahrten setzten erneut ein. Im 18. Jahrhundert aber war die Kirche baufällig geworden und der Mudauer Pfarrer kam nicht mehr, weder zu Gottesdiensten noch zu Beerdigungen oder Taufen. Daher baten 1763 die Schultheißen von Hesselbach den Abt von Amorbach, in Hesselbach eine neue Kirche zu bauen und einen Mönch als Pfarrer einzusetzen. 1765 entsprach Abt Hyazinth Breuer diesem Wunsch. Die kleine Kapelle wurde abgerissen, die Quelle etwas unterhalb

des Kirchenneubaues neu gefasst, und schon 1766 konnte die im Bauernbarock neu errichtete Pfarrkirche St. Luzia und St. Odilia eingeweiht werden. Auch für die Inneneinrichtung hatte das Kloster gesorgt. Da in Amorbach wenige Jahre zuvor eine neue Klosterkirche gebaut worden war, fanden viele Einrichtungsgegenstände, die dort nicht mehr gebraucht wurden, in der Hesselbacher Kirche einen neuen Platz. Die eindrucksvollsten Geschenke waren der riesige Hochaltar und die Figurengruppe vom Tode des hl. Joseph. Eine weitere Kostbarkeit ist die „Schwarze Madonna des Odenwaldes", deren Alter auf über 600 Jahre geschätzt wird und die ursprünglich in der Schöllenbacher Kirche stand. Nach Einführung der Reformation auf dem Territorium der Schenken von Erbach verschwand diese Heiligenfigur auf dem Dachboden und wurde dann an die Hesselbacher verkauft. Schmuckstück ist jedoch das Hesselbacher Kreuz. Das Original befindet sich heute in dem Hessischen Landesmuseum in Darmstadt. Das über dem Opferaltar von der Decke herabhängende Kreuz ist eine kostbare Nachbildung. Das

Originalkreuz entstand bereits im späten 11. Jahrhundert im Umkreis des Rogier von Helmarshausen (Nordhessen), eines Mönchs und bedeutenden Goldschmieds, der die romanische Kunst in dieser Gegend wesentlich beeinflusste. Auf der Vorderseite zeigt es den gekreuzigten Christus und auf der Rückseite die Symbole der vier Evangelisten, das Lamm und eine Frauengestalt. Wie und wann das ehemalige Vortragekreuz nach Hesselbach kam, ist nicht bekannt. Man erzählt, dass es in einem Grab gefunden wurde, wo man es zur Zeit der Reformation und des nachfolgenden Dreißigjährigen Krieges versteckt hatte.

Die heilige Luzia

Der Legende nach gelobte Luzia schon als Kind ewige Jungfräulichkeit. Ihre Mutter jedoch wollte sie verheiraten und fand sehr früh einen Verlobten. Luzia aber zögerte die Verlobung hinaus. Als ihre Mutter erkrankte, unternahm Luzia mit ihr eine Wallfahrt nach Catania zum Grab der heiligen Agatha. Die Gebete ihrer Tochter heilten die Mutter, und sie ließ sich zum Christentum bekehren. Im Traum erschien Agatha der Luzia und prophezeite ihr das Martyrium. Nach Syrakus zurückgekehrt, gründete Luzia mit dem Vermögen ihrer Familie eine Armen- und Krankenstation und löste die Verlobung. Ihr Verlobter überantwortete Luzia wegen Verschwendung des Vermögens dem Präfekten, der Luzia in ein Dirnenhaus bringen lassen wollte. Aber weder ein Ochsengespann noch seine Leute waren imstande, die Gefesselte von der Stelle zu bewegen. Auch Feuer und siedendes Öl hatten keine Wirkung. Da stieß man ihr ein Schwert durch die Kehle, aber Luzia betete laut weiter und starb erst, nachdem ein Priester ihr die Hostie gereicht hatte. Nach einer anderen Legende hat Luzia sich die Augen ausgerissen und diese ihrem Verlobten geschickt.

Schon früh setzte ihre Verehrung ein, und Kirchen und Klöster wurden nach ihr benannt. Von Metz verbreitete sich die Verehrung Luzias in ganz Deutschland und es bildeten sich zahlreiche und sehr unterschiedliche Bräuche, die sich teilweise auch nach der Reformation noch erhalten konnten. Sie ist u.a. die Patronin der Armen und Blinden, der reuigen Dirnen und der kranken Kinder. Ihr Gedenktag ist der 13. Dezember.

Zu alten Wallfahrtsstätten

Charakteristik: Wanderung auf stillen Pfaden und Waldwegen
Ausgangspunkt: Schöllenbach, Kirche
Wanderkarte: TF 20-10 „Beerfelder Land"
Markierungen: △ (weiß) – ① – Ⓥ – ③

Ort	km	Zeit	Höhe
Schöllenbach	0,0	0:00	280
Hesselbach	2,1	0:55	480
Jägerwiese	2,3	0:40	430
Höllklinge	1,5	0:25	340
Ittertal	0,9	0:15	265
Schöllenbach	1,5	0:30	280
Gesamtstrecke	8,3	2:45	

Informationen

Von der Kirche folgen wir der OWK-Markierung △ (weiß) ein kleines Stück den Eutergrund aufwärts. Jenseits der Itterbrücke überrascht mitten im Dorf ein Ortsschild „Badisch Schöllenbach" und verweist auf die politische Zweiteilung des Ortes. Die Itter bildet hier den Grenzfluss zwischen Hessen und Baden-Württemberg. Dieser Grenzverlauf besteht schon seit dem Mittelalter. Während die östliche Itterseite zum Kloster Amorbach gehörte, war das Gebiet westlich der Itter Besitz des Klosters Lorsch. Kurz hinter Schöllenbach verlassen wir das Tal und gehen durch den Wald steil aufwärts nach **Hesselbach**.

6

Mitte des 11. Jahrhunderts konnte das Kloster Amorbach den Wildbann östlich vom Euter- und Itterbach vom Bistum Worms erwerben. Man darf jedoch nicht davon ausgehen, dass dies der Beginn einer Besiedlung in Hesselbach war. Urkundlich wurde der Ort erstmals 1334 genannt. Am Ortsausgang verlassen wir die OWK-Markierung und folgen dem Rundweg ① zunächst auf einem Wiesenweg parallel zur Straße mit einem herrlichen Blick auf den Katzenbuckel, dem höchsten Berg im Odenwald (626 m), und dann durch den Wald zur **Jägerwiese**.

Hier verläuft der Weg beiderseits der hessisch-badischen Landesgrenze hinab in die Höllklinge.

Der Name verweist auf ein wildromantisches Gebirgstal. Hier verlassen wir den Rundweg ① und gehen mit dem Verbindungsweg Ⓥ die Klinge weiter abwärts ins **Ittertal**.

Im Tal stoßen wir auf den Rundweg ③ und folgen ihm nach rechts das Tal aufwärts zurück nach Schöllenbach. Unterwegs kommen wir an einem Sühnekreuz vorbei, das an die Untat zweier Hammerschmiede erinnert, die beim Teilen der Diebesbeute in Streit gerieten und sich gegenseitig umbrachten. Kurz vor Schöllenbach stehen noch zwei weitere Bildstöcke, der ältere (1706) mit einer Reliefdarstellung von Maria und Jesus, der jüngere (1751) mit dem Walldürner Blutbild.

Schwierigkeit: mittel

Meditativer Spaziergang durch den Freudenberger Freizeitpark

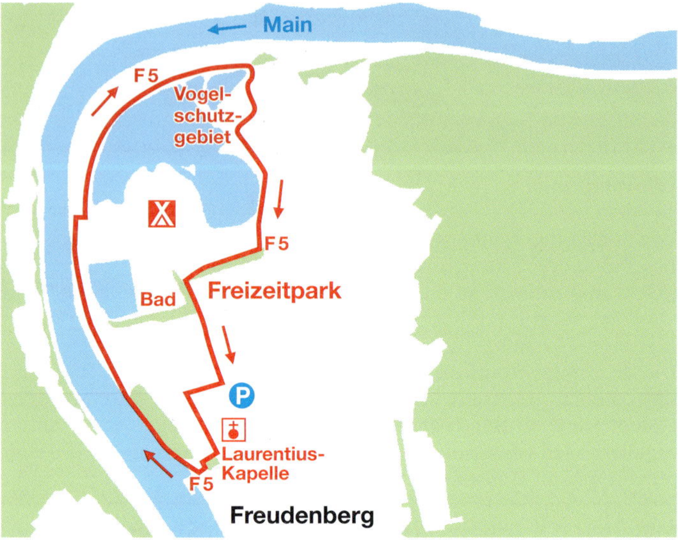

7

Die Friedhofskapelle

Die Friedhofskapelle von Freudenberg ist die ehemalige Pfarrkirche von *Lulingescheit*, der Urzelle von Freudenberg. Sie wurde in der 1. Hälfte des 12. Jahrhunderts als romanische Chorturmkirche errichtet. An der Westsei-

te befindet sich am Hauptportal die Jahreszahl MCIL = 1149. Als die Bewohner das Dorf verlassen mussten, um sich unterhalb der Burg Freudenberg neu anzusiedeln, nutzte man die alte Kapelle noch Jahrhunderte lang als Pfarrkirche von Freudenberg.

Die Kirche ist von einer Mauer umgeben, die größtenteils der Mauer des ehemaligen Kirchhofes entspricht. Das Eingangsportal zum Friedhof ist ein Rundbogen. Darüber befindet sich ein Sandsteinrelief, das den hl. Laurentius darstellt, flankiert von zwei Betenden. In seiner linken Hand hält Laurentius den Rost, auf dem er 258 in Rom den Märtyrertod erlitt. In der rechten Hand hält er ein Buch. Neben diesem Relief befinden sich zwei lateinische Inschrifttafeln, von denen die linke an die große Pest von 1611 erinnert, an der über 500 Menschen starben und derentwegen der Friedhof erweitert werden musste. Die rechte Tafel besagt, dass die Bürger von Freudenberg 1613, nach fast 100-jähriger Zugehörigkeit zum Protestantismus, vom Fürstbischof von Würzburg, Julius Echter, wieder zum wahren Glauben zurückgeführt wurden.

> **Suche Stunden der Sammlung, damit die Seele mit dir sprechen kann.**
> (Albert Schweitzer)

7

7

An der Westfassade der Kirche ist das niedrige romanische Hauptportal mit der Jahreszahl 1149. An der Nordseite befinden sich ein kleiner und ein größerer Eingang sowie romanische Fensterbögen. Im Innern der Kirche ist der Triumphbogen, die Altarnische und ein Rundbogenfenster. Das Kreuzgewölbe, der Chor sowie drei Fenster mit Maßwerk stammen aus der Frühgotik. Im Innenraum der Kirche befinden sich wertvolle Fresken. Sie entstanden vermutlich zwischen 1290 und 1340 und wurden 1964 bei Renovierungsarbeiten zufällig entdeckt. Dargestellt sind biblische Szenen, die an der linken Wand beginnen, über die Wand des Chores verlaufen und sich an der rechten Wand fortsetzen. Die älteste Szene ist die Geißelung Christi an der rechten Wand. In den vier Deckennischen des Kreuzgewölbes sind Engel dargestellt. An der Ostseite ist ein spätgotisches Fenster mit Malereien aus dem 15. Jahrhundert. Im Kirchenraum befindet sich an der linken Nordseite die Kanzel von 1617, deren Reliefornamente mit denen der Außenkanzel übereinstimmen. Auf der Südseite ist das Grabmahl der Magdalena Haberkornyn von 1493, daneben ein Gedenkstein mit Engelsköpfen von 1612. An der Außenseite der Kirche befinden sich zahlreiche alte Grabsteine und Grabplatten. Blickfang an der südlichen Außenseite ist das große Epitaph des Johannes Paulus Schneider, dessen Familie durch Fleiß zu Ehren und Wohlstand gekommen war, was jedoch nicht verhindern konnte, dass die Mutter des Stifters als Hexe verbrannt wurde.

Die Laurentius-Verehrung

Der Schutzpatron aller drei Kirchen in Freudenberg ist der hl. Laurentius. Sein Geburtsort ist nicht gesichert. Einige verlegen ihn nach Spanien, andere glauben, von seinem Namen ableiten zu können, dass Laurentius –der Mann aus Laurentum– aus der gleichnamigen Stadt südwestlich von Rom kam.

Der Legende nach verwaltete Laurentius das Kirchenvermögen des Papstes und setzte es für soziale Zwecke ein. Als der römische Kaiser Valerian Anfang August 258 Papst Sixtus festnehmen und enthaupten ließ, forderte er Laurentius auf, das Eigentum der Kirche innerhalb von drei Tagen dem Kaiser zu übergeben. Diese Zeit nutzte Laurentius, um das gesamte Vermögen an die Mitglieder der Gemeinde zu verteilen. Dann versammelte er alle Armen und Kranken um sich und präsentierte diese dem Kaiser als den wahren Reichtum der Kirche. Laurentius wurde festgenommen, gefoltert und auf einem glühenden Rost verbrannt.

Schon unmittelbar nach seinem Tod wurde Laurentius als bedeutender Heiliger verehrt. Neben seinem Grab vor den Stadtmauern Roms wurde zur Zeit Konstantins des Großen eine Basilika erbaut. Später wurde über dem Grab des Heiligen eine eigene Kirche gebaut, in der bis zum heutigen Tag die Gebeine von Laurentius und die des hl. Stephanus ruhen. Die Kirche San Lorenzo fuori le mura gehört zu den sieben Pilgerkirchen Roms und bezeugt das außergewöhnliche Ansehen des Laurentius. Weltweit tragen heute viele tausend Kirchen seinen Namen. Auch viele Städte und Gemeinden zeigen ihn mit dem Rost in ihrem Wappen.

Meditativer Spaziergang durch den Freudenberger Freizeitpark

Charakteristik:	*Besinnlicher Spaziergang*
Ausgangspunkt:	*Friedhofskapelle St. Laurentius, Freudenberg*
Länge/Zeit:	*3,9 km – 1 bis 2 Stunden*
Schwierigkeit:	*leicht*
Wanderkarte:	*TF 20-7 „Maintal-Odenwald"*
Markierungen:	*F 5 – o. Mark.*

7

Vom Parkplatz am Friedhof führt der örtliche Rundweg **F 5** am Friedhof vorbei hinab an den Main. Hier folgen wir dem Uferweg flussaufwärts. Auf Höhe des Badesees gehen wir rechts hoch auf die Dammkrone und haben von hier einen ersten schönen Blick über die Freizeitanlage. Der Badesee ist quellwassergespeist und lockt jährlich dank seiner hervorragenden Wasserqualität viele Badefreunde nach Freudenberg. Mit 2 ha Wasserfläche und 2,5 ha Liegewiese ist selbst in Stoßzeiten ausreichend Platz für jedermann.

Nördlich vom Badesee bildete sich in einer ehemaligen Kiesgrube dank Grundwasser ein 17 ha großer Freizeitsee. Da für Badegäste ein eigener See vorhanden ist, wird die Ruhe am Wasser auch im Sommer nicht beeinträchtigt.

Durch die Geländestruktur wird der See auf natürliche Weise in drei Bereiche unterteilt. Der Hauptsee ist den Anglern vorbehalten. An Fischarten sind vor allem

7

Karpfen, Schleien, Hechte, Rotfedern und Rotaugen vorhanden. Entlang des Wanderweges auf der Dammkrone informieren Tafeln über diese Fischarten.

Der nördliche Bereich des Sees ist Vogelschutzgebiet. Hier ist Angeln verboten. Der Wanderweg entfernt sich aus Naturschutzgründen auch vom Uferbereich und führt in einem Bogen um den See herum. An der östlichen Seeseite steigt der Weg leicht an und ermöglicht von der Höhe einen herrlichen Blick über die Freizeitanlage. Diesen Seeabschnitt teilen sich Surfer und Angler.

Oberhalb vom Campingplatz biegen wir links ab und gehen die Straße entlang bis zu den Sportplätzen. Hier verlassen wir den Rundweg F5, halten uns links und gehen ohne Markierung zurück zum Parkplatz.

Zwischen Martins- und Zentgrafenkapelle

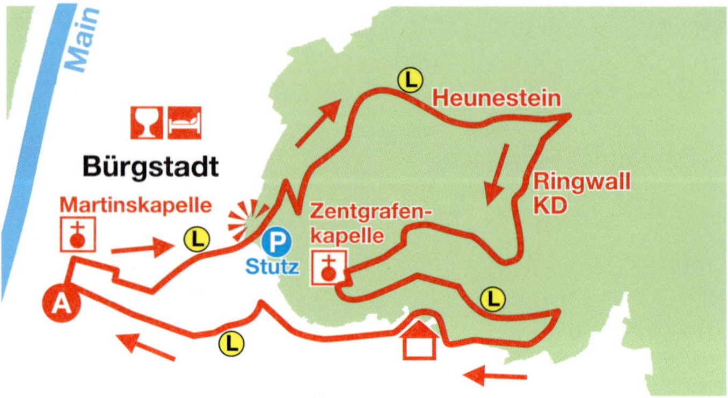

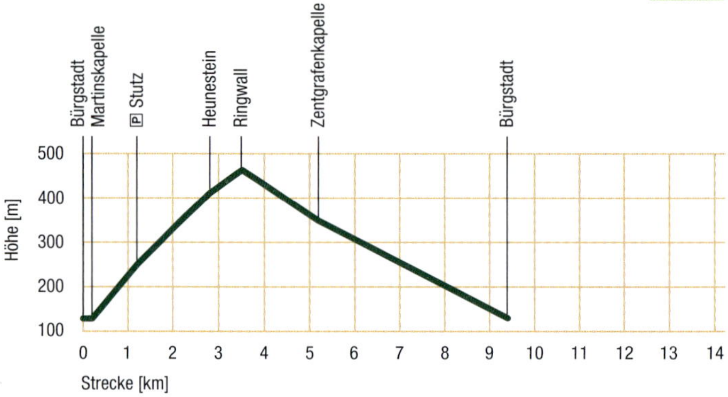

Die Martin-Verehrung

Martin von Tours wurde 316 oder 317 als Sohn eines römischen Militärtribuns in Pannonien, im heutigen Ungarn, geboren. Die Jugend verbrachte er in Pavia, Oberitalien, wohin sein Vater versetzt worden war. Als Sohn eines Offiziers war er gesetzlich zum Militärdienst verpflichtet und wurde mit 15 Jahren zur berittenen kaiserlichen Leibgarde, den „scholares alae", eingezogen. Schon während der Dienstzeit hatte sich Martin dem Christentum angeschlossen und bereitete sich auf die Taufe vor. Bei den Soldaten war er wegen seiner Hilfsbereitschaft und Bescheidenheit beliebt. Er half Notleidenden und behielt von seinem Sold nur das, was für das tägliche Leben unverzichtbar war. Auch als Soldat war er anerkannt, denn schon nach kurzer Dienstzeit wurde er zum Offizier befördert. Als 18-jähriger war er in Amiens als Gardeoffizier stationiert. Mitten im Winter begegnete er vor den Toren von Amiens einem armen, unbekleideten Mann, der um Almosen bettelte. Da Martin nur seinen Militärmantel über seiner Rüstung trug, teilte er diesen mit seinem Schwert in zwei Teile und gab dem Bettler die eine Hälfte. Außer dem Spott der Umstehenden musste Martin auch noch eine Arreststrafe seiner Vorgesetzten wegen mutwilliger Beschädigung von Militäreigentum hinnehmen. In dieser Nacht aber erschien Martin im Traum Jesus Christus, bekleidet mit Martins halben Mantel, und sagte: „Was du getan hast einem meiner geringsten Brüder, das hast du mir getan."

8

Wohin du auch gehst, geh mit deinem ganzen Herzen.
(Konfuzius)

Bei Kämpfen zwischen Römern und Alemannen festigte sich der Entschluss Martins, die Entlassung aus dem Militärdienst zu erbitten. Als die Germanen erneut in Gallien einfielen, zogen die Römer bei Worms ein Heer zusammen, um die Angriffe abzuwehren. Wie üblich rief der Kaiser vor der Schlacht seine Offiziere zusammen, um ihnen eine Prämie zu übergeben. Diese Gelegenheit nutzte Martin und bat um seine Entlassung, da es ihm als Christ nicht erlaubt sei mit der Waffe zu kämpfen und er künftig nur für Gott streiten wolle. Der Kaiser beschuldigte Martin der Feigheit, doch dieser erwiderte, dass er morgen unbewaffnet durch die Reihen der Feinde gehen werde. Der Kaiser ließ daraufhin Martin gefangen nehmen und stellte ihn am folgenden Tag unbewaffnet den Feinden gegenüber. Es kam jedoch zu keiner Schlacht, da sich die Germanen dem Kaiser ergaben. Erst nach Absolvierung seiner 25-jährigen Dienstzeit wurde Martin aus der Armee entlassen.

Nach seinem Ausscheiden beim Militär begab sich Martin nach Poitiers, um als Schüler des dortigen Bischofs Hilarius das Priesteramt anzustreben. Bei dem Versuch, seine Eltern zum Christentum zu bekehren, wurde er von Heiden verfolgt und lebte danach als Einsiedler auf einer kleinen Insel an der Riviera. Auch Bischof Hilarius hatte ins Exil gehen müssen und kehrte ebenso wie Martin erst um 360 nach Poitiers zurück. Im nahe gelegenen Ligugé gründete Martin ein Kloster und scharte zahlreiche Gleichgesinnte um sich. Als in Tours ein neuer Bischof gesucht wurde, drängte die Bevölkerung Martin zur Annahme dieses Amtes, in das er am 4. Juli 372 gewählt wurde. Auch als Bischof lebte er in Demut und in der ihm gewohnten Bescheidenheit. In seinem Wesen blieb er der einfache Mönch, Priester, Seelsorger und Nothelfer. Verehrt wurde er aufgrund seiner Wundertaten und Wunderheilungen. Gegen heidnische Heiligtümer und Bräuche ging er als Bischof kompromisslos vor und versuchte die heidnischen Kultstätten, Feste und Bräuche durch christliche zu ersetzen und neu zu beleben. Selbst gegenüber den Mächtigen seiner Zeit, den Fürsten, Königen und Kaisern, ließ er sich in seinem Gerechtigkeitssinn nicht beeinflussen und prangerte jede Ungerechtigkeit furchtlos an.

Martin starb im hohen Alter von 81 Jahren am 8. November 397 auf einer seiner Seelsorgereisen. Er wurde am 11. November unter großer Anteilnahme in Tours beigesetzt. Schon bald nach seinem Tod wurde der Tag der Beisetzung Martins in der ganzen Kirche als Feiertag begangen. Martin war einer der Ersten, der ohne blutiges Martyrium heilig gesprochen wurde. Sein Leben und sein Wirken, seine Wunderheilungen, sein Gerechtigkeitssinn und seine apostolische Weltzugewandtheit erhoben ihn in den Kreis der Heiligen. Über seinem Grab entstand zunächst eine Kapelle, später eine prächtige Basilika mit einem angeschlossenen Kloster, der Abtei St. Martin, eine im Mittelalter viel besuchte Wallfahrtsstätte. Der Frankenkönig Chlodwig (481–511) erhob Martin zum Nationalheiligen und zum Schutzherr der fränkischen Könige. Überall entstanden Kapellen und Kirchen, die Martin zu ihrem Schutzpatron machten, und bis heute haben sich weltweit Martinsbräuche und Martinsfeste erhalten.

Die Martinskapelle

Die Martinskapelle gehört zu den ältesten Kirchenbauten in Franken. Eine 1997 durchgeführte Radiokorbon-Analyse ergab ein Alter wesentlicher Teile des heute noch vorhandenen Mauerwerks aus dem 10. Jahrhundert. Ein Vorgängerbau konnte nicht nachgewiesen werden, musste jedoch vorhanden gewesen sein, da Bürgstadt seit dem 8. Jahrhundert als Mutterpfarrei des Umlandes galt.

Die um 950 errichtete Kapelle wurde um 1200 vergrößert. Damals erhielt die Kirche den heutigen Triumphbogen und größere Fenster. Nach einem Brand Ende des 13. Jahrhunderts blieb die Kirche Ruine. Erst 1380 begann man mit der Renovierung. Die vergrößerten Fenster wurden wieder durch kleinere ersetzt, und der Innenraum wurde ausgemalt. Reste dieser Wandbilder haben sich an der Ostseite des Triumphbogens erhalten. Ende des 16. Jahrhunderts wurde dann die Kirche grundlegend erneuert. Der Dachstuhl wurde erhöht und erhielt den kleinen Dachreiter, der heute seine Silhouette prägt. Das Mauerwerk wurde ausgebessert, die Steinkanzel aufgestellt, eine Empore eingezogen und der gesamte Innenraum ausgemalt. Einen Gegensatz zu den einfachen

Putzflächen der Außenwände bildet das Hauptportal. Im Tympanon-Relief sieht man den hl. Martin, der mit seinem Schwert den Mantel teilt und die eine Hälfte dem knienden Bettler reicht. Darüber Christus mit der abgeteilten Hälfte des Mantels, so wie er der Legende nach St. Martin im Traum erschienen ist. An den Konsolen des Portals sind zwei musizierende Engel dargestellt. Aufwändige Türbeschläge vervollständigen den prachtvollen Gesamteindruck. Rechts neben dem Hauptportal stehen drei mittelalterliche Sühnekreuze, deren ursprünglicher Standort unbekannt ist.

Betritt man die Martinskirche überraschen die fast den gesamten Innenraum umfassenden Renaissance-Fresken einer „biblia pauperum" (Armenbibel), mit deren Hilfe die Leseunkundigen das im Alten und Neuen Testament beschriebene Heilsgeschehen bildlich erfassen konnten. In drei Reihen übereinander sind 40 Medaillons angeordnet. Die obere Bildreihe beginnt in der Südostecke mit der Erschaffung der Welt und endet über der Kanzel an der Nordwand. Sie zeigt auf 14 Medaillons Szenen aus dem Alten Testament. Darüber befinden sich die Wappen der Landes- und der Ortsherrschaft. In der mittleren Reihe sind Ereignisse aus dem Neuen Testament zu sehen, und die Medaillons in der unteren Reihe zeigen Szenen der Passion Christi vom Einzug in Jerusalem bis zur Grablegung, der Auferstehung, der Himmelfahrt und dem Pfingstwunder. Gemalt wurden diese Medaillons von dem Meister J.B.M (Michel) 1593. Seine Initialen und die Jahreszahl finden sich im Zwischenraum oberhalb der Medaillons 37 und 38 (also in der unteren Reihe seitlich der Kanzel). Mit der Darstellung des Jüngsten Gerichts über dem Triumphbogen beendete J.B.M seinen biblischen Zyklus. Hier thront Christus als Weltenrichter auf dem Regenbogen, umgeben von Maria, Propheten, Engeln und Jüngern. Die Ausmalung des Chorraumes und der Decke war bereits vorher von dem Nürnberger Maler Andreas Herneisen erfolgt. An der unteren Wand des Chorraumes sind Szenen aus dem Leben des hl. Martin abgebildet: die Mantelteilung, der Traum, die Bischofsweihe, die Heilung eines Besessenen, der hl. Martin am Krankenbett und sein Tod. Darüber sieht man die vier Evangelisten Matthäus, Markus, Lukas und Johannes sowie die Kirchenväter Gregor, Hieronymus, Augustinus und Ambrosius.

8

In der Mitte des Chorraumes steht der St. Martin-Hochaltar. Auf dem Bild an der Vorderseite des Altartisches sehen wir St. Martin als Bischof, im Zentrum des Altaraufbaus der hl. Martin bei der Mantelteilung, links und rechts davon der hl. Leonhard und die hl. Birgitta, Namenspatrone des Zentgrafen Leonhard Gackstatt und seiner Frau, die diesen Hochaltar wahrscheinlich gestiftet haben, darüber den Erzengel Michael mit Schwert und Waage und als oberer Abschluss das Jesusmonogramm IHS. Im Triumphbogen befindet sich eine ausdrucksstarke Kreuzigungsgruppe, die der Schule von Tilman Riemenschneider zugeschrieben wird.

Um 1730 wurde in der Martinskapelle eine Wallfahrt zum hl. Wendelin eingeführt. Als Schutzpatron der Hirten und Bauern stand er bei der Landbevölkerung in hohem Ansehen. Mitte des 18. Jahrhunderts wurde der Wendelinsaltar aufgeschlagen, der gleich rechts neben dem Eingang steht. Das Bild an der Vorderseite des Altartisches zeigt den jugendlichen Hirten Wendelin. Darüber erhebt sich ein barocker Aufbau mit dem hl. Wendelin in der Mitte und seitlich der Säulen der hl. Joseph und der hl. Antonius von Padua. Im oberen Teil des Altars zertritt Maria Immaculata die Schlange als Symbol des Sündenfalls. Oberer Abschluss des Altars ist das Auge Gottes im goldenen Strahlennimbus.

Zwischen Martins- und Zentgrafenkapelle

Charakteristik:	*Wanderung zu zahlreichen Sehenswürdigkeiten*
Ausgangspunkt:	*Bürgstadt, Rathaus*
Wanderkarte:	*TF 20-7 „Maintal – Odenwald“*
Markierung:	Ⓛ

8

Ort	**km**	**Zeit**	**Höhe**
Bürgstadt	*0,0*	*0:00*	*130*
Martinskapelle	*0,2*	*0:05*	*130*
P *Stutz*	*1,0*	*0:25*	*250*
Heunestein	*1,6*	*0:45*	*410*
Ringwall	*0,7*	*0:15*	*463*
Zentgrafenkapelle	*1,7*	*0:30*	*350*
Bürgstadt	*4,2*	*1:15*	*130*
Gesamtstrecke	*9,4*	*3:15*	

Informationen

Vom Rathaus folgen wir dem Bürgstadter Kulturpfad Ⓛ zur **Martinskapelle.**

Den Schlüssel zur Besichtigung der Kapelle erhalten Sie in den umliegenden Geschäften. Von der Kapelle führt der Kulturpfad bergauf zum Parkplatz **„Stutz"**.

8

Vom Parkplatz führt der Weg weiter bergauf zum **Heunestein**.

Dieser Felsblock ist ein Beispiel der Sandsteinbearbeitung im 11. Jahrhundert. Vom Heunestein erreichen wir den Höhenrücken, wenden uns hier nach rechts und kommen zum **Ringwall**.

Die Anfänge dieses vorgeschichtlichen Ringwalls reichen bis um 3000 v. Chr. zurück. Auch eine Besiedlung aus der Urnenfelderzeit (1200–700 v. Chr.) wurde nachgewiesen. Um 900 v. Chr. entstand die 1986 rekonstruierte Toranlage. Die Kelten bauten den durch Palisade und Tore befestigten Ringwall zu einer Fliehburg aus. Rund um den Ringwall befinden sich zahlreiche mittelalterliche Werkstücke wie Heunesäulen, Heunefässer, Sarkophage und Mühlsteinfragmente. Sie wurden im Wald liegen gelassen, da bei ihrer Bearbeitung Fehlspaltungen auftraten. Die Mühlsteingewinnung wurde noch bis um 1900 ausgeübt.

1629 begann der Bürgstadter Zentgraf Leonhard Gackstadt mit dem Bau einer Kapelle am Bürgstadter Berg und konnte sie bis zur Dachhöhe fertig stellen. Der Vormarsch der Schweden während des Dreißigjährigen Krieges beendete die Bauarbeiten. Zwei Glocken, die Gackstadt für die Kapelle bereits angeschafft hatte, stiftete er dem 1630 gegründeten Franziskanerkloster in Miltenberg. Warum die Kapelle nach Ende des Krieges nicht weitergebaut wurde und Bauruine blieb, ist unbekannt. An der Kapelle biegen wir links ab und gehen durch den Wald hinab in die Weinberge und am oberen Rand der Weinlage „Centgrafenberg" entlang zurück nach **Bürgstadt**.

Schwierigkeit: Steigungen

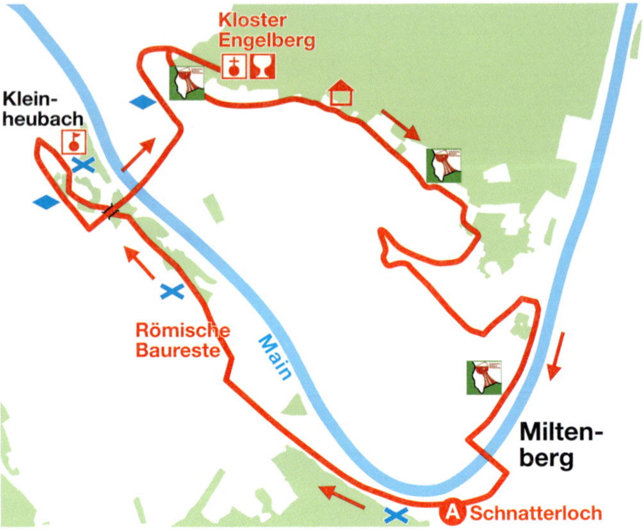

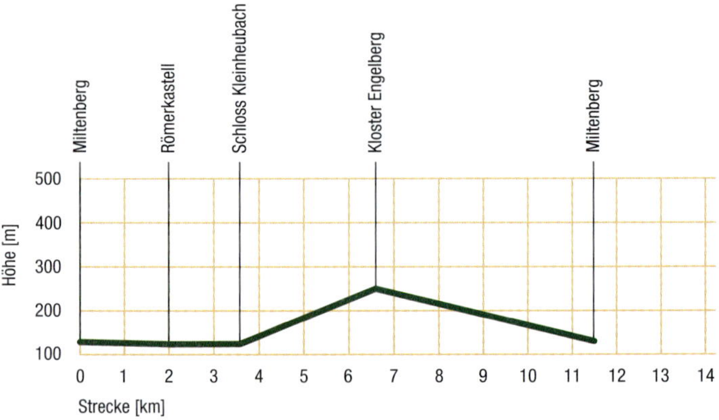

Kloster Engelberg

Man geht davon aus, dass sich in vorchristlicher Zeit auf dem „Rulesberg" eine heidnische Kultstätte befand. Auf einem gewaltigen Felsblock mit einer schüsselartigen Vertiefung, den „Hünenstein" oder der „Heuneschüssel", wurden Opfer dargebracht. Um 1300 errichtete man dort eine einfache Holzkapelle, weihte sie dem Erzengel Michael, dem Kämpfer gegen die heidnischen Götter, und nannte den Rulesberg fortan Engelberg.

Um 1310 wurde die Kapelle um eine Marienstatue bereichert, die als wundertätiges Gnadenbild verehrt wurde. Durch Erscheinungsberichte und Ablassgewährung setzte eine ständig zunehmende Zahl von Wallfahrten ein. So wurde die kleine Holzkapelle durch eine neue, größere aus Stein ersetzt, die in der Folgezeit immer weiter ausgebaut wurde.

> **Es kommt nie ein Pilger nach Hause, ohne ein Vorurteil weniger und eine neue Idee mehr zu haben.**
> (Thomas Morus)

1630 ließ der Mainzer Erzbischof Anselm Kasimir von Wambold auf dem Engelberg ein Kloster errichten und mit Kapuzinermönchen besetzen. 1697 erfolgte der Anbau der Antoniuskapelle und 1699 der Marienkapelle. 1828 übernahmen auf

9

Anordnung von König Ludwig I. Franziskaner das Kloster und die Wallfahrtsseelsorge. 1899 erhielt die Kirche durch eine letzte Verlängerung ihr heutiges Aussehen.

Erzengel Michael

Im Christentum gilt der Erzengel Michael als Bezwinger des Teufels und als Anführer der himmlischen Heerscharen. Ferner kommt Michael die Rolle des „Seelenwägers" am Tag des Jüngsten Gerichts zu. Er verzeichnet die guten und die bösen Taten, nach denen ein jeder Mensch gerichtet wird, und geleitet die Seele des Verstorbenen auf ihrem Weg ins Jenseits.

Er ist neben Gabriel, Raphael und Uriel einer der vier Erzengel.

9

Antoniuskapelle

Antonius von Padua, mit seinem Taufnamen Fernando Martim, wurde um 1195 als Sohn einer begüterten Adelsfamilie in Lissabon geboren. Mit 15 Jahren wurde er Augustiner-Chorherr, erhielt eine gründliche wissenschaftliche Ausbildung und wurde zum Priester geweiht. Erschüttert durch das Schicksal 5 marokkanischer Märtyrer trat er dem Franziskaner-Orden bei und erhielt den Ordensnamen Antonius. 1220 ging er selbst nach Marokko, wurde aber durch eine plötzliche Krankheit zur Heimkehr gezwungen, wobei ein Sturm auf offener See ihn nach Sizilien verschlug. Von dort ging er nach Assisi, wo er 1221 an der Generalversammlung seines Ordens teilnahm. Antonius fiel auf durch seine Begabung als Redner sowie durch profunde Bibelkenntnisse und man schickte ihn als Bußprediger in das Gebiet der Waldenser und Katharer nach Oberitalien und Südfrankreich. Zu den bekanntesten Legenden gehört seine Predigt am Strand von Rimini als niemand ihm zuhören wollte, die Fische aber ans Ufer schwammen und ihre Köpfe aus dem Wasser streckten.

Franziskus ernannte ihn 1224 zum Lektor der Theologie an der Universität in Bologna und zum theologischen Leiter des Franziskanerordens. Berühmt wurden auch seine Fastenpredigten in Padua, wo bis zu 30 000 Zuhörer zusammenkamen und er im Freien predigen musste, da keine Kirche groß genug war. Diese Predigten schienen eine ganze Region umzuwandeln: Schulden wurden erlassen, Familien versöhnten sich, Verbrecher bereuten ihre Sünden und fanden auf den rechten Weg zurück.

1230 legte er entkräftet seine Ämter nieder und verstarb am 13. Juni 1231 im Kloster Arcella in Padua, wo er von den Klarissen gepflegt worden war. 1263 wurden seine Gebeine in die ihm zu Ehren neu gebauten und ihm geweihten Basilika in Padua übertragen.

Antonius ist einer der bekanntesten und beliebtesten Heiligen. An seinem Grab ereigneten sich viele Wunder. Bereits 11 Monate nach seinem Tod wurde er auf Verlangen des Volkes von Papst Gregor IX. heilig gesprochen, bis heute der kürzeste Kanonierungsprozess der Kirchengeschichte, nachdem zuvor 47 Wunder dokumentiert worden waren.

Marienkapelle

Nach Christus ist Maria die zentrale Figur der katholischen Kirche, da sie offen ist für die Sorgen der Menschen und Fürbitte leistet vor Gott und Christus. Die Marienverehrung setzte schon früh ein. Seit dem Konzil von Ephesus 431 wird Maria als die Mutter Gottes verehrt. In allen Lebenslagen wandten und wenden sich die Menschen an Maria, sei es bei Naturkatastrophen, bei Krankheiten, bei einem Unglück oder bei ganz persönlichen Schwierigkeiten. Zahlreich sind die Votivtafeln an den Wänden der Wallfahrtskirchen und Kapellen, auf denen die Gläubigen Maria ihren Dank für Hilfe und Erhörung ihrer Gebete ausdrücken. Rosenkranzgebete sind zum Inbegriff der Marienverehrung geworden.

Begegnung mit Mönchen und Wallfahrern

Charakteristik: *Reizvolle Wanderung im Maintal zu zahlreichen Sehenswürdigkeiten*
Ausgangspunkt: *Miltenberg, Schnatterloch*
Wanderkarte: *TF 20-7 „Maintal – Odenwald“*
Markierungen: *✕ (blau) – ◆ blau) – (Fränkischer Rotwein Wanderweg)*

9

Ort	**km**	**Zeit**	**Höhe**
Schnatterloch	*0,0*	*0:00*	*130*
Römerkastell	*2,0*	*0:35*	*125*
Kleinheubach, Schloss	*1,6*	*0:25*	*125*
Kloster Engelberg	*3,0*	*1:15*	*249*
Schnatterloch	*5,9*	*1:45*	*130*
Gesamtstrecke	*12,5*	*4:00*	

Informationen

Vom Schnatterloch folgen wir der OWK-Markierung ✕ (blau) hinab zum Mainufer und von dort flussabwärts zum ehemaligen **Kohortenkastell Miltenberg** am Mainufer.

9

Das Kastell hatte eine Größe von 2,7 ha. Aufgrund einer mittelalterlichen Überbauung wurde es erst 1842 entdeckt. Die Stadtmauern des pfälzischen „oppidum Walehusen" waren die ehemaligen Kastellmauern. Auf den Grundmauern der „principia" baute man eine Kirche. Um 1240 zerstörte der mainzische Burggraf den pfälzischen Stützpunkt und zwang die Bewohner, sich unterhalb der Mildenburg anzusiedeln.
Vom Kastell laufen wir durch eine Parkanlage zum **Schloss** von **Kleinheubach**.

Kleinheubach wurde 877 erstmals urkundlich erwähnt. Der Ort war Königsgut und wurde von den Pfalzgrafen verwaltet. Mitte des 16. Jahrhunderts gelangte es als Lehen an die Schenken von Erbach, die um 1600 die Georgenburg errichteten. 1721 erwarb das Fürstenhaus zu Löwenstein die Herrschaftsrechte über Kleinheubach. 1725 beauftragte der Fürst den Baumeister Remy de la Fosse, einen Architekten von Versailles, mit dem Bau eines Schlosses für die im Dreißigjährigen Krieg zerstörte Georgenburg. Seit 2004 ist das Schloss im Besitz der Fürst-Löwenstein-Stiftung. Am Ausgang vom Schlosspark kommen wir auf die OWK-Markierung ◆ (blau) und folgen ihr nach links zurück zur Mainbrücke und von dort hinauf zum **Kloster Engelberg**.

Der kürzeste Weg hinauf zum Kloster führt die 612 steinernen Stufen der „Himmelsstiege" hinauf. Dieser Kreuzweg, der bis vor 50 Jahren noch auf den Knien gebetet wurde, ist umsäumt von 14 Kreuzweg-Stationen und 6 Kapellen. Besondere Sehenswürdigkeiten der Klosterkirche sind der Hochaltar, die Deckengemälde sowie die Antonius- und die Marienkapelle. Vom Kloster gehen wir die Himmelsstiege wieder hinab und biegen am Ortsrand von Großheubach mit dem Rotwein-Wanderweg links ab und gehen durch die Weinberge zurück nach **Miltenberg**.

Schwierigkeit: Himmelsstiege

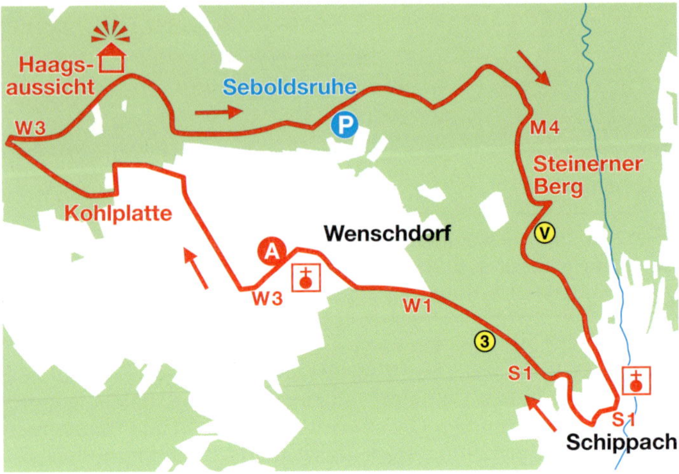

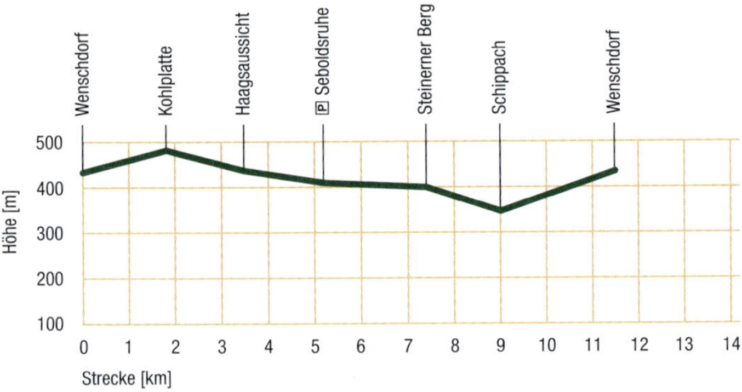

St. Vitus-Kirche

Die Wenschdorfer St. Vitus-Kirche wurde ursprünglich als eine Wehrkirche mit einer mächtigen Außenmauer errichtet, hinter der die Bewohner Schutz finden konnten. Ältester Teil der Kirche ist der im gotischen Stil erbaute Chor aus der ersten Hälfte des 15. Jahrhunderts. Sarkophagfunde auf dem Friedhof aus der Mitte des 12. Jahrhunderts aber lassen vermuten, dass dieser Kirchenbau eine oder mehrere Vorgängerbauten besaß.

Ursprünglich gehörte Wenschdorf zur Urpfarrei Bürgstadt. Zwischen 1483 und 1549 aber wurde der Ort zusammen mit Monbrunn und Reuenthal zur selbstständigen Pfarrei erhoben. Belege dafür sind der Friedhof in Wenschdorf, der Taufstein in der Kirche sowie drei geweihte Altäre. Noch 1615 wurde Wenschdorf als Pfarrei bezeugt. Danach wurde der Pfarrer von Heppdiel beauftragt, zusätzlich noch die Pfarrgeschäfte in Wenschdorf zu übernehmen und ihm dafür ein Pferd zur Verfügung gestellt. Ab Mitte des 19. Jahrhunderts betreuten dann Miltenberger Franziskanermönche die Wenschdorfer Pfarrgemeinde.

Fürchte dich nicht, langsam zu gehen, fürchte dich nur, stehen zu bleiben.
(Chinesisches Sprichwort)

In der zweiten Hälfte des 18. Jahrhunderts war das Langhaus erneuert worden, 1864 erfolgte der Neubau des Kirchturmes und 1921 wurde die Sakristei angebaut. Nach dem 2. Weltkrieg wurde die Kirche außen und innen renoviert und die Friedhofsmauer erneuert.

Der hl. Wendelin

Der Legende nach soll Wendelin im 6. Jahrhundert in der Gegend um Trier missioniert haben. Sein Grab befindet sich in der Wendelinus-Basilika der nach ihm benannten Stadt St. Wendel.

Wendelin war vermutlich der Sohn eines irischen Königs und hatte in seiner Jugend eine umfassende Ausbildung in einer der zahlreichen Klosterschulen erhalten. Im irischen Adel war es zu dieser Zeit üblich, nach abgeschlossener Ausbildung eine Pilgerfahrt nach Rom zu unternehmen, um nach der Rückkehr ein wichtiges politisches oder kirchliches Amt zu übernehmen. Auf seiner Rückreise aus Rom unterbrach Wendelin in Trier seine Pilgerfahrt und verdingte sich bei einem reichen Gutsherrn als Hirte. Wendelin muss ein fähiger Hirte gewesen sein, denn die von ihm betreute Herde gedieh und vermehrte sich. Wendelins bevorzugtes Weidegebiet war ein weit vom Gutshof entfernter Berg, wo er gerne betete. Eines Tages traf ihn dort der Gutsherr. Da dieser vorhatte, noch am selben Abend für seine Gäste ein Tier aus der Herde schlachten zu lassen und dieses Vorhaben wegen der großen Entfernung nun nicht mehr für durchführbar hielt, machte er Wendelin bittere Vorwürfe. Doch dieser versicherte ihm, rechtzeitig auf dem Hof zu sein. Als der Gutsherr am Abend dort eintraf, war Wendelin mit seiner Herde schon zurückgekommen. Beeindruckt von der ihm unverständlichen Leistung, die ihm als ein Wunder vorkam, bat der Gutsherr Wendelin um Verzeihung und stellte ihm ein Stück Land zur Verfügung, auf dem er eine Einsiedelei errichten konnte. Dies muss die Gegend der heutigen Stadt St. Wendel gewesen sein.

In der Folgezeit half Wendelin der Landbevölkerung der ganzen Umgebung bei allen Problemen mit ihrem Vieh. In vielen Fällen sprach man von Wunderheilungen. Später wurde an der Stelle dieser Klause eine Kapelle errichtet, die von zahlreichen Gläubigen aufgesucht wurde, um hier Hilfe und Genesung für ihr krankes Vieh zu erflehen. Die Legende berichtet weiter, dass Mönche aus einem benachbarten Kloster Wendelin gebeten hätten, ihr Abt zu werden. Wendelin entsprach ihrer Bitte und wurde Abt des Klosters Tholey.

Nach seinem Tod bauten die Mönche ein prachtvolles Grabmal für den hl. Wendelin. Am Morgen nach der Grablegung aber fand man den Leichnam neben dem geöffneten Grab. Als sich dieses Ereignis wiederholte, legte man den Leichnam auf einen Ochsenkarren, und die Tiere zogen ihn genau an die Stelle, an der er früher seine Einsiedelei hatte. Über seinem Grab entstand dann eine Kapelle, die später zu einer Basilika ausgebaut und Ziel zahlreicher Pilger und Wallfahrer wurde.

Der Gedenktag des hl. Wendelin ist der 20. Oktober. Dargestellt wird der Heilige im allgemeinen mit einem Hirtenstab und seinen Tieren. Er zählt zu den bekanntesten und am meisten verehrten Volksheiligen. Die geläufigste Bauernregel heißt: „Sankt Wendelin verlass uns nie, Schirm unsern Stall, schütz unser Vieh."

Auf den Mainhöhen

Charakteristik:	*Wanderung in ländlicher Abgeschiedenheit*
Ausgangspunkt:	*Wenschdorf, Ortsmitte*
Wanderkarte:	*TF 20-7 „Maintal – Odenwald“*
Markierungen:	*W 3 – M 4 – Ⓥ – S 1 – ③ – W 1*

Ort	**km**	**Zeit**	**Höhe**
Wenschdorf	*0,0*	*0:00*	*434*
Kohlplatte	*1,8*	*0:35*	*480*
Haagsaussicht	*1,6*	*0:30*	*438*
🅿 *Seboldsruhe*	*1,8*	*0:35*	*411*
Steinerner Berg	*2,2*	*0:45*	*400*
Schippach	*1,6*	*0:30*	*348*
Wenschdorf	*2,5*	*0:45*	*434*
Gesamtstrecke	*11,5*	*3:40*	

Informationen

Von der Ortsmitte folgen wir dem örtlichen Rundweg **W3** auf der Kreisstraße MIL 3 in südwestlicher Richtung. Kurz hinter dem Ortsausgang biegen wir rechts von der Straße ab und folgen der Markierung durch die Feldflur zur **Kohlplatte**.

Die Kohlplatte ist mit 480,7 m der höchste Punkt oberhalb von Miltenberg und bietet einen freien Blick über die Mainhöhen. Hinter dem Funkturm biegen wir rechts ab in den Wald. Beim Zusammentreffen mit dem Rundweg **M 1** biegen wir erneut rechts ab und kommen zur **Haagsaussicht**.

10

Hier wurde zwischen 1890 und 1980 Sandstein abgebaut. Von der Haagsaussicht gehen wir weiter zur Wenschdorfer Steige. Dort wechseln wir unser Markierungszeichen und folgen nun dem Rundweg **M 4** zum Parkplatz **„Seboldsruhe"**.

Nach Überqueren der Straße folgen wir weiterhin dem Rundweg M 4 zum **Steinernen Berg**.

Beim Abbiegen des Rundwegs M 4 nach links in eine steile Klinge, gehen wir mit dem Verbindungsweg Ⓥ nach rechts nach **Schippach**.

Die erste urkundliche Erwähnung von Schippach findet sich in einer Urkunde von 1380. Der Ort war von jeher landwirtschaftlich geprägt und hat auch heute dieses Aussehen nicht verloren. Die 1734 erbaute Kirche ist dem hl. Wendelin geweiht, dem Schutzpatron der Hirten, Schäfer und Bauern. Die St. Wendelin-Verehrung der ländlichen Bevölkerung entsprang einem vitalen Überlebensinteresse. Krankheit, Unwetter, Viehseuchen u. ä. bedrohten die bäuerliche Existenz und führten zu verschiedenen Frömmigkeitsformen wie die Aufstellung von Kreuzen und Bildstöcken in der Feldflur. Von der Kirche folgen wir dem Rundweg **S 1** die Brunnengasse aufwärts und biegen dann rechts in den Wenschdorfer Weg ein. Beim Zusammentreffen mit dem Rundweg ③ gehen wir mit diesem geradeaus weiter, und laufen wenig später mit dem Rundweg **W 1** am Waldrand entlang zurück nach **Wenschdorf**.

Schwierigkeit: mittel

Zum Gotthardsberg

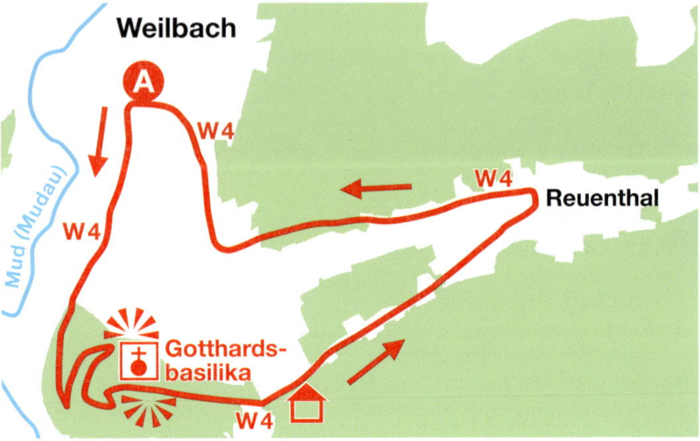

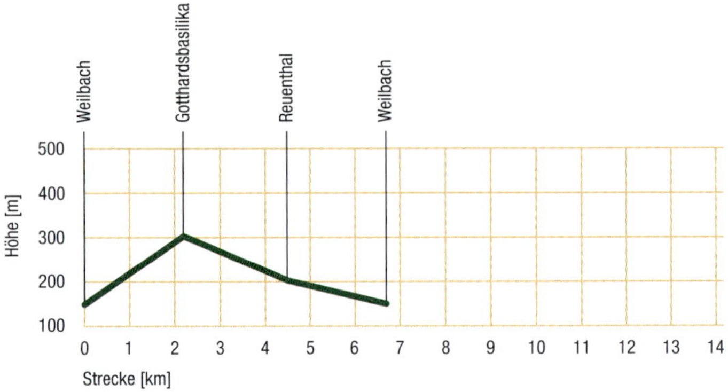

Katholische Pfarrkirche *St. Johannes ante portam latinam*
Man kann davon ausgehen, dass schon im 13. Jahrhundert in Weilbach eine Kirche stand. 1235 wurde ein „Wolframus de Wilinbach" in einer Urkunde erstmals als Pfarrer von Weilbach erwähnt. Er war ein Verwandter der Herren von Wilinbach, gehörte dem niederen Adel an und war Pater des Klosters Amorbach. Spätere Urkunden nennen ihn als Dekan der Amorbacher Zenten. Weilbach war Filiale von Kirchzell wurde aber von Amorbach aus betreut.

Die Weilbacher Kirche war ein hochgelegener, rechteckiger Saalbau von 10,5 m Länge und 6,3 m Breite. Der niedrige Kirchturm wurde 1592 neu gebaut. Im Innern standen 2 Altäre, der Hauptaltar und der Marienaltar. 1601 wurde eine Kanzel gefertigt und 1609 baute man zusätzlich eine steinerne Kanzel in den Kirchhof, da bei Prozessionen der Innenraum der Kirche zu klein war. Geweiht war die Kirche in Anlehnung an die Johanneskirche an der römischen Stadtmauer dem „Johannes ante portam latinam".

Wer wandert, der wandelt sich. Wer sich nicht wandelt, der erstarrt.
(Anselm Grün)

Aufgrund der räumlichen Enge stellte man ab Mitte des 18. Jahrhunderts mehrere Anträge zum Neubau einer Kirche, die jedoch vom Erzbistum Mainz aus finanziellen Gründen abgelehnt wurden. Der Durchbruch erfolgte 1789: die Pfarrstelle, die bislang vom Kloster Amorbach betreut wurde, wurde neu besetzt und der Kirchenneubau begonnen. Für die Innenausstattung erwarb Weilbach den Hochaltar der Abtei Seligenstadt.

11

Der Apostel Johannes

Zusammen mit seinem Bruder Jakobus gehört Johannes zu den Jüngern, die als Erste von Jesu berufen wurden. Johannes galt als der Lieblingsjünger von Jesu, der ihn an allen bedeutenden Ereignissen seines Lebens teilnehmen ließ. Zusammen mit Jakobus und Petrus folgte Johannes Jesus auf den Berg der Verklärung. Als Jesus mit Elija und Moses sprach, wurde Johannes im Garten von Getsemani Zeuge der Verzweiflung Jesu; beim letzten Abendmahl saß Johannes an seiner Seite und folgte als einziger Jünger Jesu bis unters Kreuz. Als erster Jünger stand er am Ostermorgen am leeren Grab und erkannte als Erster den Auferstandenen am See Genezareth. Zusammen mit Petrus war Johannes die prägende Person der Urgemeinde in Jerusalem. Sie predigten öffentlich im Tempel und gerieten in Konflikt mit den Autoritäten. Danach ging Johannes nach

Kleinasien und betreute in Ephesus die dortige Gemeinde.
11 Als er, so die Legende, im dortigen Artemis-Tempel nicht opfern wollte, reichte man ihm einen Kelch mit Gift. Als Johannes über diesem das Kreuz schlug, entwich das Gift in Form einer Schlange. Während der Christenverfolgung unter Domitian, ergriff man Johannes und brachte ihn nach Rom. Dort sollte er in einen Kessel mit siedendem Öl vor der Stadtmauer an der Porta latina den Märtyrertod erleiden. Johannes aber entstieg unversehrt dem Ölkessel wie nach einem erfrischenden Bad. Kaiser Domitian verbannte ihn daher auf die Insel Patmos. Nach dem Tod des Kaisers konnte Johannes nach Ephesus zurückkehren, wo er im hohen Alter von 94 Jahren verstarb.

Ältestes Zeugnis der Johannes-Verehrung ist eine um 200 über seinem Grab errichtete und ihm geweihte Kirche. Mitte des 6. Jahrhunderts wurde sie von Kaiser Justinian I. zur Basilika ausgebaut. Papst Hadrian weihte ihm Ende des 8. Jahrhunderts die Kirche St. Giovanni an der Porta Latina und setzte seinen Gedenktag auf den 6. Mai fest. Im deutschen Sprachraum wuchs die Verehrung des Johannes mit der Verbreitung seiner Legenden.

Der Gotthardsberg

Die eigentliche Besiedlung des Odenwaldes begann mit der Herrschaft der Franken. Die fränkischen Könige übertrugen die Kolonisation und die Christianisierung des Landes den Klöstern und Bistümern. Dazu überließen sie ihnen große Landstriche. Im südlichen Odenwald ent-

stand das Kloster Mosbach, im Westen Lorsch, im Norden Seligenstadt und im östlichen Odenwald Amorbach. Als Gründungsjahr des Benediktinerklosters Amorbach gilt 734.

Schon bald nach seiner Gründung konnte das ursprünglich freie Reichskloster dank reicher Schenkungen seinen Einfluss und seinen Besitz mehren und erlangte eine überregionale Bedeutung. 993 aber unterstellte Kaiser Otto III. das Kloster dem Bischof von Würzburg, der den Schutz und die Verwaltung der Vogtei dem Grafen von Henneberg übertrug, der seinerseits Untervögte damit beauftragte, die auf dem Frankenberg oberhalb von Amorbach eine Burg besaßen. Da diese jedoch für ihre Schutz- und Verwaltungstätigkeiten vom Kloster überhöhte Abgaben verlangten, beschloss Kaiser Friedrich I. Barbarossa 1168 auf dem Reichstag in Würzburg auf Bitten des Bischofs die Zerstörung der Burg Frankenberg und verfügte, dass diese Bergkuppe niemals wieder befestigt werden dürfe. Nur die dem hl. Godehard geweihte Kapelle blieb erhalten. Sie wurde der Abtei Amorbach übereignet, die dort ein Nonnenkloster errichtete und den Berg fortan „Gotthard“ nannte. Neuer Vogt des Klosters wurde Ruprecht von Dürn, ein enger Gefolgsmann des Staufenkaisers. Als sein Enkel, Konrad von Dürn, 1236 das Zisterzienserinnenkloster Seligenthal gründen und 1244 die Nonnen vom Gotthardsberg dorthin umsiedeln ließ, um an alter Stelle erneut eine Befestigungsanlage zu errichten, geriet er in Konflikt mit Kaiser und Papst und musste die

Benediktinerinnen wieder auf den Gotthardsberg zurückkehren lassen.

Im 15. Jahrhundert verlor das Kloster immer mehr an Bedeutung und wurde 1439 schließlich aufgelöst. Sein Besitz wurde der Abtei Amorbach zugeschlagen. 1525 wurden die noch stehenden Klostergebäude von den aufständischen Bauern in Schutt und Asche gelegt. Zwar wurde die Kirche 1631 wieder aufgebaut, doch brannte sie 1714 nach Blitzschlag völlig aus. Um die noch stehenden Mau-

11

ern vor weiterem Verfall zu schützen, wurden sie 1956 mit einem Dach versehen. Auch der Turm der Basilika wurde wieder begehbar gemacht und bietet einen einmaligen Ausblick, der zu den schönsten im ganzen Odenwald gerechnet wird.

Der Heilige Godehard

Der hl. Godehard, oder Gotthard von Hildesheim, wurde 960 in Reichersdorf in Bayern geboren. Er war auffallend begabt und besuchte die Klosterschule der Benediktinerabtei im benachbarten Niederaltaich. 990 schloss er sich dem Benediktinerorden an, wurde 993 zum Priester geweiht und schon 3 Jahre später zum Abt des Klosters. Godehard galt als Anhänger der Reformbewegung von Cluny, die eine enge Bindung an das Papsttum und die Unabhängigkeit von der weltlichen Macht forderte, Gebet und Liturgie zum zentralen Anliegen des Mönchtums machten und eine bedingungslose Armenfürsorge betrieb.

Zwischen 1001 und 1013 wurde ihm die Leitung weiterer Klöster übertragen. Nach dem Tode Bernwards wurde Godehard 1022 durch Kaiser Heinrich II. zum Bischof von Hildesheim berufen. Innerhalb kurzer Zeit entstanden 30 neue Kirchen im Bistum. Durch Reisen und Synoden vertiefte Godehard aber vor allem das geistliche Leben seiner Diözese. Godehard starb am 5. Mai 1038 in dem von ihm gegründeten Mauritiusstift bei Hildesheim.

Knapp 100 Jahre nach seinem Tod, 1131, wurde er durch Papst Innozenz II. heilig gesprochen. Schon zu Lebzeiten reichte sein Einfluss über weite Teile Europas und er gehörte zu den bedeutendsten Heiligen des Mittelalters. Mit dem St. Gotthard-Pass in der Schweiz trägt einer der wichtigsten Alpenpässe seinen Namen. In Hildesheim entstand ihm zu Ehren die St. Godehard-Basilika, in der bis heute sein Reliquien-Schrein verehrt wird.

Zum Gotthardsberg

Charakteristik: *Auf alten Mönchspfaden*
Ausgangspunkt: *Weilbach, Kirche*
Wanderkarte: *TF 20-7 „Maintal – Odenwald“*
Markierung: *W 4*

11

Ort	**km**	**Zeit**	**Höhe**
Weilbach	*0,0*	*0:00*	*150*
Gotthardsbasilika	*2,2*	*0:45*	*303*
Reuenthal	*2,3*	*0:40*	*203*
Weilbach	*2,2*	*0:35*	*150*
Gesamtstrecke	*6,7*	*2:00*	

Informationen

Weilbach blickt auf eine über 800-jährige Geschichte zurück. Die erste urkundliche Erwähnung erfolgte 1201. Man muss jedoch davon ausgehen, dass der Siedlungsbeginn wesentlich früher erfolgte und in die Gründungszeit des Klosters Amorbach zurückreicht. Ausgangspunkt der Wanderung ist die katholische Pfarrkirche „St. Johannes". Von hier folgen wir dem örtlichen Rundweg **W 4** die Fahrstraße entlang in südliche Richtung. Am Waldrand biegt der Wanderweg links ab und führt hinauf zur **Gotthardsbasilika**.

Die dreischiffige Pfeilerbasilika ist ein schönes Beispiel einer Klosterkirche des 13. und 14. Jahrhunderts. Die beiden Arkadenreihen und die mit Schachbrettmuster verzierten Kämpferfriese stammen noch aus der Gründerzeit. Vom Turm der Basilika hat man einen unvergesslichen Rundblick, der zu den schönsten im Odenwald gerechnet wird. Auf dem Weg von der Basilika zur Sattelhütte sehen wir am Wegrand zahlreiche alte Grenzsteine. An der Hütte biegen wir links ab und gehen auf einem aussichtsreichen Hangweg hinab nach **Reuenthal**.

1248 wurde „Ruwendal" erstmals urkundlich erwähnt. Die Wortbedeutung verweist auf eine einsame und öde Gegend. In der Tat gibt es nur wenige Häuser in diesem abgeschiedenen Seitental der Mud. Trotzdem war der Ort im Mittelalter zweigeteilt. 1710 wurde im Ort die Nithardmühle errichtet. Der Name erinnert an den Minnesänger „Nithard" oder „Neidhard" von Reuenthal.
In Reuenthal biegen wir links ab, gehen ein Stück die kaum befahrene Straße abwärts und laufen dann rechts von der Straße auf einem schönen Hangweg zurück nach **Weilbach**.

Schwierigkeit: leicht

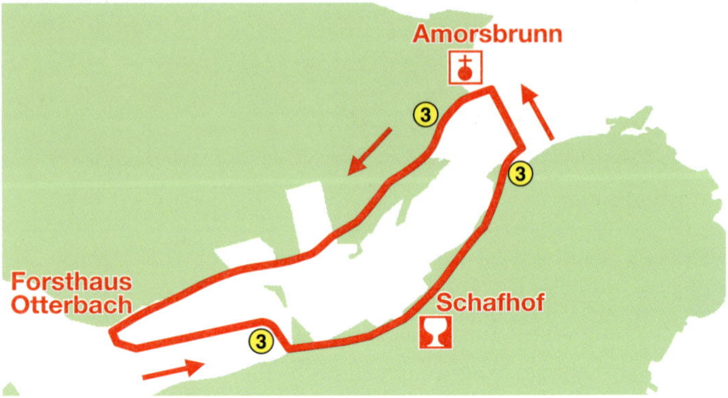

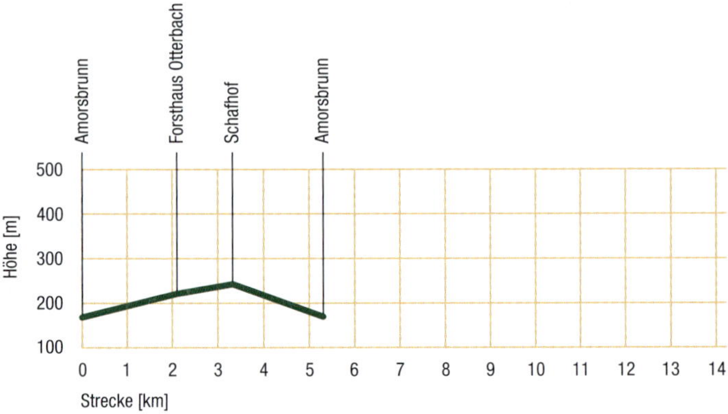

Amorsbrunn

Der Legende nach rief Graf Ruthard vom Frankenberg 714 den hl. Pirmin und seine Gefährten zur Missionierung seiner Grafschaft an die Mud. In der Folge entstanden über einem heidnischen Quellheiligtum eine Marienkapelle, in der die ersten Christen der Umgebung getauft wurden, und am Ufer der Mud ein Benediktinerkloster, das vom hl. Amor, einem Schüler von Pirmin, geleitet wurde. Diese Legende ist jedoch aus heutiger Sicht nicht haltbar. Der Sprachforscher Wolf-Armin Freiherr von Reitzenstein konnte nachweisen, dass der Name „Amorbach" sich von dem althochdeutschen Wort „amar" = Sommerdinkel ableitet und nichts mit dem Wort „Amor" zu tun hat. Die Umbenennung von „amar" in „amor" entstand wohl durch die

Fehlinterpretation eines Mönches, der im 11. Jahrhundert nach einer Gichtheilung die Quelle von Amorsbrunn als „sancti amoris fons" bezeichnete, was wörtlich heißt: „Heilende Quelle der göttlichen Liebe".

Die Kunde von der heilenden Wirkung des Quellwassers von Amorsbrunn verbreitete sich schnell und bewirkte eine ständig wachsende Pilgerzahl. Dies führte spätestens im 12. Jahrhundert zum Abriss der ursprünglich hölzernen Kapelle und zum Bau einer größeren Steinkapelle, deren Überreste im heutigen Kirchenbau noch teilweise erhalten sind. Im 15. Jahrhundert verlängerte man nochmals das Kirchenschiff und baute an die Kapelle einen gewölbten Chor. Neben der Kapelle errichtete man ein Badebecken, in das das Quellwasser aus der Kapelle abgeleitet wurde. Dieses Bad war bis ins 18. Jahrhundert überdacht. Da das Quellwasser besonders als Fruchtbarkeitsbringer hoch geschätzt wurde, konnten sich hier die Frauen baden. Auch die Neugeborenen, die dank des Wassers und des hl. Amor zur Welt gekommen waren, wurden hier gebadet. Am Beckenrand des Bades sieht man im Bereich der Treppe 5 Vertiefungen. Füllt man sie mit Quellwasser und benässt damit seine Augen, soll dies gegen Augenleiden helfen.

Die Seele geht zu Fuß
(arabisches Sprichwort)

Zum Dank für Heilung und Kindersegen erhielt Amorsbrunn zahlreiche Stiftungen. Die von Kaiserin Maria-The-

12 resia von Österreich bestellten Bittgottesdienste wurden mit der Geburt von 16 Kindern belohnt. Diese „Kaisermessen" wurden bis zum Ende der österreichischen Monarchie gelesen.

Im Innern der Kapelle findet man über den beiden Seitenaltären Stiftungen für erfüllte Bitten um Kindersegen sowie eine vergoldete Figur des hl. Amor aus Dankbarkeit „wegen erhaltener Leibesfrucht". Wertvollstes Stück in der Kapelle ist der vergoldete spätgotische Flügelaltar mit der Darstellung der „Wurzel Jesse", der menschlichen Abstammung Christi. 1535 wurde an der äußeren Chorwand ein großes Christopherusbild gemalt. Neben der Kapelle befindet sich eine Freikanzel von 1576. Sie war notwendig geworden, da bei den Wallfahrten im Innenraum nicht genügend Platz für die zahlreichen Pilger vorhanden war. Neben der Freikanzel steht eine barocke Mariensäule von 1720.

Christopherus

Christopherus war ein frühchristlicher Märtyrer. Aus den Quellen wird nicht ersichtlich, ob er im 3. Jahrhundert zur Regierungszeit des römischen Kaisers Decius oder im 4. Jahrhundert unter Kaiser Maximinus Daia lebte. Die Legende schildert ihn als Riesen, der durch seine übernatürliche Größe Schrecken verbreitete.

Offerus, so sein Name, suchte nach dem mächtigsten Herrscher der Welt, dem er dienen wollte. Aber er traf immer nur auf Herrscher, die vor einem anderen Angst hatten. Nach langer vergeblicher Suche sagte ihm ein frommer Einsiedler, dass nur Gottes Macht unbegrenzt sei und riet ihm, anstelle eines Fährmannes Reisende über den Fluss zu tragen. Offerus folgte seinem Rat und verrichtete an einer tiefen Furt diesen Dienst. Eines Tages trug er ein Kind auf seinen Schultern durch den Fluss. Je tiefer er aber ins Wasser stieg, um so schwerer schien das Kind zu werden. Als er keuchend dem Kind sagte, noch nie eine so schwere Last getragen zu haben, antwortete es ihm: „Ich bin Jesus, der Heiland, der die Last der ganzen Welt trägt." Am anderen Ufer sagte Jesus zu Offerus: „Du hast den Christ getragen, von jetzt an sollst du «Christofferus» heißen."

Christopherus ist in der Kirche einer der 14 Nothelfer, der vor einem unvorbereiteten Tod schützen soll und Schutzpatron der Reisenden. Daher wurde an zahlreichen Wegkapellen und Kirchen sein Bild angebracht, um die Vorbeigehenden zu schützen.

Im Otterbachtal

Charakteristik: *Angenehme Talwanderung*
Ausgangspunkt: *Amorsbrunn, Kapelle*
Wanderkarte: *TF 20-11 „Fränkischer Odenwald“*
Markierung: *Rundweg ③*

12

Ort	**km**	**Zeit**	**Höhe**
Amorsbrunn	*0,0*	*0:00*	*170*
Forsthaus Otterbach	*2,1*	*0:40*	*218*
Schafhof	*1,2*	*0:25*	*240*
Amorsbrunn	*2,0*	*0:40*	*170*
Gesamtstrecke	*5,3*	*1:45*	

Informationen

Von der Kapelle folgen wir dem Rundweg ③ das reizvolle Otterbachtal aufwärts. Der Otterbach, im Unterlauf auch Amorbach genannt, ist ein Zufluss der Mud. Er entspringt nordwestlich vom gleichnamigen Forsthaus. Der Oberlauf führt nur im Frühjahr und nach Regenperioden Wasser und hat in diesem Abschnitt auch kein festes Bachbett. Erst ab Amorsbrunn wird der Bach von der Amorsquelle gespeist und trägt ab hier den Namen „Amorbach". Der Talweg führt an der Feriensiedlung Amorhof vorbei zum **Forsthaus Otterbach**.

Kurz vor dem idyllisch gelegenen Forsthaus biegt der Wanderweg im rechten Winkel links ab und führt durch eine Obstbaumallee zum Landhotel-Restaurant **Schafhof**.

Der Schafhof ist ein ehemaliges Klostergut der Benediktinerabtei Amorbach. Er wurde erstmals 1446 urkundlich erwähnt. Auf dem Eckbalken der Kelterscheune findet man noch die Jahreszahl 1524 und das Wappen des Abtes von Theobald Gamblich. Die Mönche errichteten den Hof nahe einer ergiebigen Quelle, die auch heute noch genutzt wird. Nach dem 2. Weltkrieg wurde der größte Teil der Gebäude behutsam restauriert und zu einem Hotel der gehobenen Ansprüche ausgebaut. Dabei wurde darauf geachtet, dass der historische Charme erhalten blieb.
Vom ehemaligen Klostergut gehen wir wieder zurück auf den Wanderweg und folgen ihm durch den Wald oberhalb am Schafhof vorbei. Vom Waldrand haben wir eine herrliche Aussicht. Von dort führt der Weg durch die Wiesen hinab nach **Amorsbrunn**.

Schwierigkeit: leicht

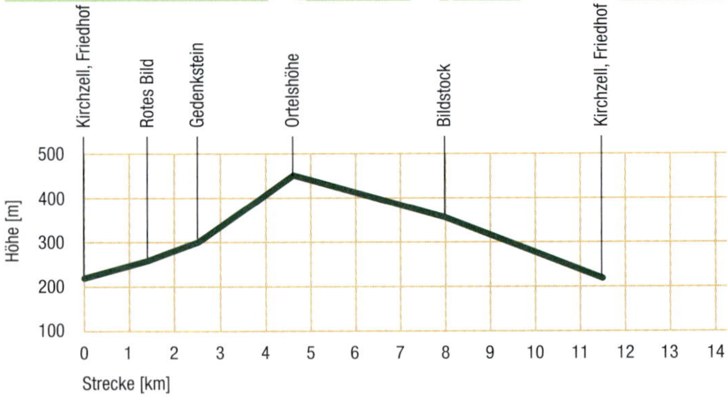

Die Herz-Jesu-Kirche

Mit der Gründung einer „Celle" durch die Benediktinermönche des Klosters Amorbach war auch der Bau einer kleinen Kapelle verbunden. Dies war anfangs sicherlich ein einfacher Betraum aus Holz, Lehm und Stroh. Wann ein erster Steinbau entstand, ist unbekannt. Eine erste Erwähnung findet sich in einer Urkunde von 1355.

1630 gelobte man anlässlich einer schweren Pestepidemie eine jährliche Wallfahrt zur Gnadenkapelle der Schmerzhaften Mutter Gottes nach Dieburg. Diese Wallfahrt hatte zur Folge, dass die Kirche die wachsende Zahl der Gläubigen nicht mehr aufnehmen konnte. 1658 und 1666 wurde in zwei Bauabschnitten ein Neubau errichtet. Doch auch dieser erwies sich bald als zu klein, und über Jahrzehnte versuchte man das Kloster Amorbach, das Erzbistum Mainz und nach 1803 deren Rechtsnachfolger, das Fürstenhaus Leiningen, von der Notwendigkeit eines Neubaues zu überzeugen. Aber erst in der 2. Hälfte des 19. Jahrhunderts konnte mit dem Bau der neuen Herz-Jesu-Kirche begonnen werden. Besondere Ausstattungsstücke der in ihrer Gesamterscheinung schlichten und einfachen Kirche sind die Gottesmutter als Himmelskönigin, die Gottesmutter mit Kind, der hl. Sebastian und der hl. Johannes Nepomuk sowie der Taufstein, eine Arbeit aus der Übergangszeit von der Renaissance zum Barock.

Auch der längste Weg beginnt mit dem ersten Schritt.
(chinesisches Sprichwort)

Herz-Jesu-Verehrung

Das Herz-Jesu-Fest hat seine Wurzeln in der mittelalterlichen Christusfrömmigkeit und wurde nach Visionen der französischen Nonne Margareta Maria Alacoque im 17. Jahrhundert weit verbreitet. 1856 wurde dieses Fest in der gesamten römisch-katholischen Kirche eingeführt, und 1899 weihte Papst Leo XIII. die ganze Welt dem Herzen Jesu. Seit 1970 wird dieses Fest als Hochfest gefeiert. Sein Gedenktag ist der Freitag in der 3. Woche nach Pfingsten.

Mittelpunkt der Herz-Jesu-Verehrung ist das am Kreuz durchbohrte Herz Jesu. Nach katholischer Lehre wurde aus dieser Wunde die Kirche geboren. Das nach dem Johannesevangelium aus der Wunde fließende Blut und Wasser stehen für die Eucharistie und die Taufe. Die Herz-Jesu-Verehrung entstand, als im Hochmittelalter die Verehrung des leidenden Christus in den Mittelpunkt rückte. Im 17. Jahrhundert veranlassten die Visionen der Nonne Margareta Maria Alacoque die Jesuiten, Herz-Jesu-Andachten als Form der Volksfrömmigkeit einzuführen.

Margareta Maria Alacoque

Margareta Maria Alacoque wurde am 22. Juli 1647 in Burgund/Frankreich geboren. 1671 trat sie in den Orden der Salesianerinnen ein. Schon als Jugendliche hatte sie Visionen, die sich im Kloster häuften und sie zum Gespött ihrer Mitschwestern werden ließen. Am 27. Dezember 1673 hatte Margareta die Vision, dass Jesus Christus sie beauftragte, sich für die Verehrung seines göttlichen Herzens einzusetzen, insbesondere an jedem 1. Freitag im Monat und am 2. Freitag nach dem Fronleichnamsfest. Unterstützung erhielt Margareta Maria durch den Jesuitenpater Claude de la Colombière. Als dieser ein Jahr später wegzog, ließen die Nonnen ihren Unmut an der ungeliebten Mitschwester freien Lauf. Höhepunkt war die Aussage von Margareta Maria, Gott habe sie als Sühneopfer für die Sünden ihrer Mitschwestern auserwählt. Sie wurde geschlagen und gezüchtigt. Unmut erregte auch, dass Margareta oft monatelang krank war und dann plötzlich wieder gesund wurde. Man hielt sie für eine Heuchlerin.

13 Als 1684, zwei Jahre nach dem Tod von Claude de la Colombière, eine neue Oberin gewählt wurde, unterstützte diese Margareta Maria und machte sie zu ihrer Assistentin. Grund waren die Schriften von Claude de la Colombière über die Herz-Jesu-Verehrung, die man nach seinem Tode veröffentlicht hatte und aus denen täglich im Refektorium vorgelesen wurde. Dadurch änderte sich das Verhalten der Nonnen Margareta gegenüber. Auch der neue Beichtvater des Klosters, der Jesuitenpater François Rolin, erkannte die Bedeutung von Margareta Maria und trug ihr auf, ihre Lebensgeschichte niederzuschreiben. 1685 wurde Margareta zur Novizenmeisterin berufen. Dies führte zu einer ungestörten Ausbreitung der Herz-Jesu-Verehrung. Die beiden Brüder von Margareta ließen im Dorf Le-Bois-Sainte-Marie eine Kapelle zu Ehren des Herzens Jesu erbauen. Margareta, die in der Folgezeit weitere Visionen hatte, bat König Ludwig XIV. ganz Frankreich dem Herzen Jesu zu weihen und ihm zu Ehren in Paris eine Kirche zu bauen. Dieser Wunsch aber erfüllte sich erst rund 200 Jahre später durch den Bau der Sacré Coeur auf dem Montmartre.

Im Spätsommer 1690 spürte Margareta Maria, dass sie bald sterben würde. Wegen ihrer häufigen Krankheiten nahm man diese Ankündigung jedoch nicht ernst, zumal die Ärzte keine besorgniserregende Anlässe sahen. Am 17. Oktober 1690 verstarb sie im Beisein aller Mitschwester im Alter von 43 Jahren. Margareta Maria Alacoque wurde am 18. September 1864 von Papst Pius IX. selig- und am 13. Mai 1920 von Papst Benedikt XV. heiliggesprochen. Ihr Gedenktag ist der 16. Oktober.

Die Kirchzeller Dieburg-Wallfahrt

Die Kirchzeller Dieburg-Wallfahrt ist eine der ältesten und größten. Sie wurde während des Dreißigjährigen Krieges gelobt und wird bis heute ununterbrochen durchgeführt.

Ursprünglich wurde die Wallfahrt ganz zu Fuß zurückgelegt und dauerte mehrere Tage. Im Laufe der Jahre aber reduzierte man die Wallfahrt auf 2 Tage. Erst seit 1990 läuft wieder eine kleine Pilgergruppe die gesamte Strecke von Kirchzell nach Dieburg. Der Pilgerweg führt mit einem Zwischenstopp am Dieburg-Stein durch das Ortelstal nach Boxbrunn. Von hier geht es weiter über Vielbrunn, Hainhaus, Rimhorner Höhe, Burg Breuberg nach Groß-Umstadt. Eine zweite, größere Gruppe, macht sich einen Tag später auf den Weg und trifft nach einer Omnibusfahrt in Klein-Umstadt auf die erste Gruppe. Gemeinsam pilgert man von dort unter den Klängen der Dieburg-Bläser zur Gnadenkapelle der Schmerzhaften Mutter Gottes, um mit vielen anderen Pilgerinnen und Pilgern aus der ganzen Umgebung an den großen Wallfahrtsfeierlichkeiten am Fest Mariä Geburt (8. September) teilzunehmen. Anschließend fährt man mit dem Omnibus zurück zum Kirchzeller Ortsteil Buch und zieht von dort in einer großen Lichterprozession nach Kirchzell, wo die Daheimgebliebenen die Wallfahrer feierlich empfangen.

Die Kirchzeller Dieburg-Wallfahrt

Charakteristik:	*Auf den Spuren der Kirchzeller Wallfahrer im Ortelstal*
Ausgangspunkt:	*Kirchzell, Friedhof*
Wanderkarte:	*TF 20-11 „Fränkischer Odenwald“*
Markierung:	*K 1*

13

Ort	**km**	**Zeit**	**Höhe**
Kirchzell, Friedhof	*0,0*	*0:00*	*220*
Rotes Bild	*1,4*	*0:30*	*258*
Gedenkstein	*1,1*	*0:20*	*300*
Ortelshöhe	*2,1*	*0:55*	*450*
Bildstock	*3,4*	*1:00*	*358*
Kirchzell, Friedhof	*3,5*	*1:00*	*220*
Gesamtstrecke	*11,5*	*3:45*	

Informationen

Unterhalb des Friedhofes, am Eingang ins Ortelstal, halten die Wallfahrer zum letzten Segen vor dem langen Fußmarsch inne. Dann geht es in geschlossener Formation das Tal aufwärts zum **„Roten Bild"**.

Dieser Bildstock zählt, aufgrund der nicht gekonnten Umsetzung der Abbildung des Walldürner Blutbildes auf der Tafel, zu den sogenannten Primitivformen. Daneben steht der Kopf eines etwa ins Jahr 1620 zu datierenden Bildstockes, der vermutlich vorher an dieser Stelle stand. Vom „Roten Bild" gehen wir das Tal weiter aufwärts zum **Gedenkstein**.

Dieser Stein erinnert an die gelobte Wallfahrt von 1630.

Hier verlassen wir den Wallfahrtsweg und biegen links ab. Der Weg führt südlich um den Emichskopf herum und biegt dann erneut im spitzen Winkel links ab. Oberhalb von Watterbach quert dann ein Verbindungsweg unsere Markierung. Hier folgen wir diesem Verbindungsweg einige Meter nach links hinauf zu einem alten **Bildstock**.

Dieser undatierte Bildstock steht auf dem höchsten Punkt des Weges vom Ortelsgraben nach Watterbach. Er zählt zu den ältesten Bildstöcken und dürfte dem 16. Jahrhundert zuzuweisen sein. Auch er war in eine Wallfahrt eingebunden, die Watterbach zum Ziel hatte. Anlass war das Watterbacher Kerzenwunder, eine brennende Kerze im Holderbusch. An diesem Bildstock war die letzte Rast und das letzte Gebet vor dem Ziel in Watterbach.
Vom Bildstock gehen wir wieder zurück auf den Hauptweg und folgen von dort weiterhin dem Rundweg K 1 zurück nach **Kirchzell**.

Schwierigkeit: mittel

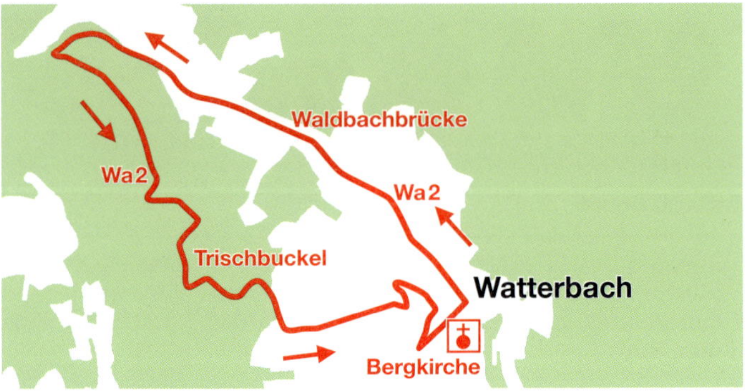

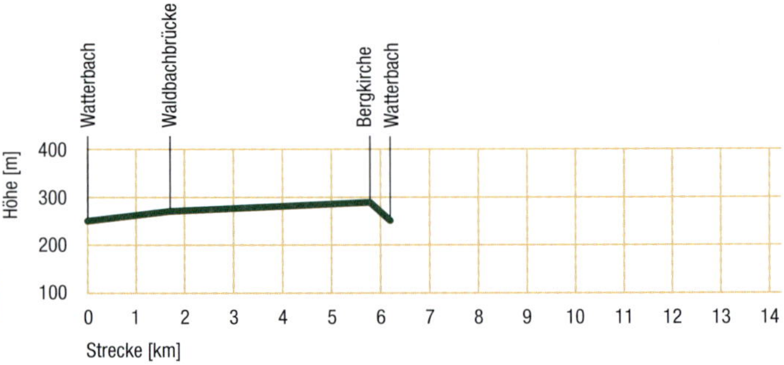

Das Watterbacher Kerzenwunder
Schon bald nach der Ersterwähnung von Watterbach im Jahre 1395 wollte man eine eigene kleine Kirche bauen. Zunächst aber war man sich – so die Sage – über den Standort uneins. Daher beschloss man zwei Kühe einzuspannen und dort, wo sie stehen blieben, sollte die Kirche gebaut werden. Die Kühe liefen den Berg hinauf, blieben am Hang stehen und knieten nieder. Dies wertete man als ein Zeichen Gottes und baute oberhalb des Dorfes ein kleines Kirchlein, das man dem Pestheiligen St. Sebastian weihte. Diese Kirche wurde Ziel einer bedeutenden lokalen Wallfahrt, an der sich Pilger aller umliegenden Ortschaften beteiligten. Anlass war das Watterbacher Kerzenwunder, eine brennende Kerze im Holderbusch. Im 18. Jahrhundert wurde der Andrang so groß, dass man eine größere Kirche bauen musste.

Die neue, im Barock-Rokoko-Stil gebaute Kirche hatte wesentlich größere Ausmaße als ihr Vorgängerbau, denn in den Kirchenbüchern heißt es: „Von den Steinen der alten Kirche kann beinahe 1 Seite der neuen aufgebaut werden."

> **Das, worauf es im Leben ankommt, können wir nicht voraussehen. Die schönste Freude erlebt man immer da, wo man sie am wenigsten erwartet.**
> (Antoine de St.-Exupéry)

Der Heilige Sebastian
Der Legende nach war Sebastian Hauptmann der Prätorianergarde des römischen Kaisers Diokletian. Er verheimlichte seinen christlichen Glauben nutzte aber seine Stellung, um seinen Glaubensbrüdern beizustehen, ihnen Mut zuzusprechen und sorgte für die Bestattung der Märtyrer. Außerdem konnte er viele Römer, darunter auch Adelige, zum Christentum bekehren. Als Diokletian davon erfuhr, ließ er ihn an einen Baum binden und von Bogenschützen erschießen. Dann ließ man ihn am Hinrichtungsort liegen. Die Witwe eines Märtyrers, die ihn beerdigen wollte, bemerkte, dass er noch lebte und pflegte ihn wieder gesund. Danach trat Sebastian Diokletian öffentlich entgegen, um ihm die Sinnlosigkeit der Verfolgung und Hinrichtung von Christen vorzuhalten. Der Kaiser ließ ihn daraufhin zu Tode schlagen und seine Leiche in den Abwasserkanal werfen. Eine Christin sah im Traum den Leichnam von Sebastian und bestattete ihn in den Katakomben an der Via Appia.

Das Martyrium des Sebastian wurde erstmals 354 in Rom bezeugt. Noch im gleichen Jahrhundert wurde bei diesem Friedhof die Apostelkirche errichtet, die zu den 7 frühchristlichen Pilgerkirchen Roms gehört. Im 5. Jahrhundert wurde das Grab des hl. Sebastian so umgebaut, dass die zahlreichen Pilger einen besseren Zugang bekamen, und im 9. Jahrhundert wurde die Apostelkirche in „Basilica San Sebastiano ad Catacumbas" umbenannt.

Der Festtag des hl. Sebastian ist am 20. Januar. Er wird als Schutzheiliger gegen Seuchen, insbesondere die Pest, verehrt und ist Patron der Schützen.

Das Watterbacher Kerzenwunder

Charakteristik: *Besinnliche Wanderung durch das Waldbachtal*
Ausgangspunkt: *Watterbach*
Wanderkarte: *TF 20-11 „Fränkischer Odenwald"*
Markierung: *Wa 2*

14

Ort	km	Zeit	Höhe
Watterbach	*0,0*	*0:00*	*250*
Waldbachbrücke	*1,7*	*0:30*	*274*
Bergkirche	*4,1*	*1:20*	*290*
Watterbach	*0,4*	*0:10*	*250*
Gesamtstrecke	*6,2*	*2:00*	

Informationen

1395 wurde Watterbach erstmals urkundlich als „Wattenbuch" erwähnt. 1573/74 wurde der Ort von einer Pestepidemie heimgesucht, die ihn fast aussterben ließ. Auch den Dreißigjährigen Krieg überlebten nur 7 Personen.
Von der Straßenkreuzung folgen wir dem örtlichen Rundweg **Wa 2** durch den Ort das Waldbachtal aufwärts zur **Waldbachbrücke**.

Kurz vor der Schrahmühle wechseln wir auf die andere Talseite und gehen auf einem gemächlich ansteigenden Weg an einem Tierpark vorbei durch den Wald hinauf zum Trischbuckel. Vom Waldrand hat man einen herrlichen Blick hinab auf Watterbach und das Waldbachtal. Dann laufen wir hinab zur **Bergkirche**.

Als der Abt von Amorbach zur Einweihung der neuen Kirche ein Geschenk mitbringen wollte, wählte er aus dem alten Klosterinventar einen ihm wertlos erscheinenden Gegenstand aus: eine 2,4 cm starke Eichenholzplatte, die mit vergoldeten, teils stark abgeriebenen Kupferplatten verkleidet war. Als später ein Frankfurter Stadtpfarrer kirchliche Altertümer suchte, ließ man 1885 vom bayerischem Landesamt für Kunstdenkmäler ein Gutachten erstellen, bei dem zwar der wahre Wert dieses „Kupferbleches" nicht erkannt wurde, man aber dennoch vom Verkauf an Privatpersonen abriet. Das Landesamt selbst unterbreitete jedoch das Angebot, diesen Gegenstand für 150,– Mark zu erwerben, um ihn im Nationalmuseum für spätere Forschungen aufzubewahren. Die Watterbacher ließen sich auf diesen Vorschlag ein, ohne zu ahnen, dass 1952 bei der Ausstellung „Franconia Sacra" in Würzburg der Watterbacher Tragaltar, ein 1000 Jahre altes ottonisches Kunstwerk, einen Versicherungswert von 500 000,– DM hatte.

Schwierigkeit: leicht

Auf dem Meditationsweg von Schneeberg

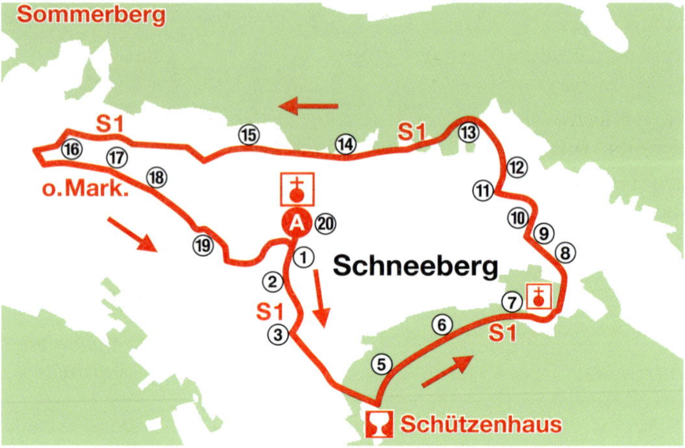

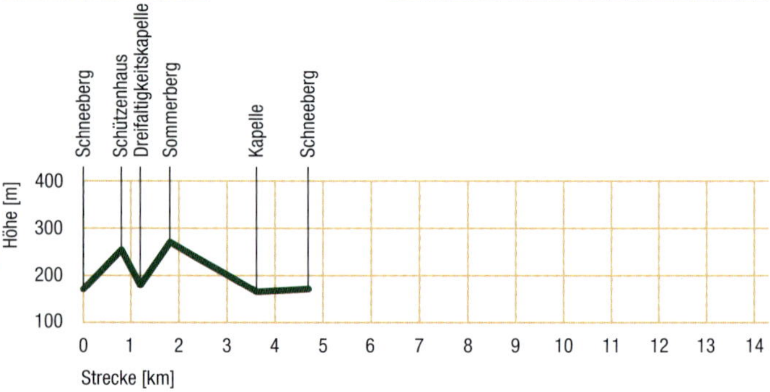

15

Pfarr- und Wallfahrtskirche „Mariä Geburt"
1445 wurde in Schneeberg zu Ehren der Gottesmutter Maria eine Kirche gebaut und mit einem wunderschönen Gnadenbild der Mutter Gottes ausgestattet. Unmittelbar darauf setzten Wallfahrten zu diesem Gnadenbild ein. Der Würzburger Bischof Rudolf von Scherenberg beauftragte daraufhin den Abt des Klosters Amorbach, die Rechtmäßigkeit dieser Wallfahrten zu überprüfen. Das Ergebnis muss positiv gewesen sein, da der Bischof selbst am 23. November 1470 einen Ablassbrief für diese Wallfahrt ausstellte. Durch den nun verstärkt einsetzenden Pilgerstrom wurde 1473/74 eine neue gotische Wallfahrtskirche errichtet, die den ersten Bau von 1445 völlig ersetzte. 1511 wurde auch ein päpstlicher Ablass gewährt.

Um das Jahr 1521 soll sich dann folgendes Geschehen zugetragen haben: Auf unerklärliche Weise fand man das Gnadenbild der Mutter Gottes allmorgendlich außerhalb der Kirche auf einem Holderstock. Man trug es zurück und stellte es wieder auf den Altar. Aber dreimal hintereinander kehrte das Bildnis des Nachts unbemerkt auf den Holderstock zurück. Auch Asche, die man um die Kirche gestreut hatte, um verräterische Spuren zu entdecken, blieb unberührt. Als dann noch mitten im Sommer um den Holderstock Schnee fiel, beschloss man den Bau einer Kapelle an der Außenwand der Kirche, um auf diese Art den Holderstock in die Kirche zu integrieren.

Denn es ist gut, wenn uns die verrinnende Zeit nicht als etwas erscheint, das uns verbraucht und zerstört wie die Handvoll Sand, sondern als etwas, das uns vollendet.
(Antoine de St.-Exupéry)

In der Folgezeit wurden Gebetserhörungen bekannt, von denen einige, in Öl gemalt, die Gnadenkapelle schmücken. Selbst eine evangelische Christin wurde von ihrem Augenleiden geheilt. Aus Dankbarkeit spendete sie der Mutter Gottes eine silberne Ampel.

1688 wurde Schneeberg selbstständige Pfarrei. Das 18. und 19. Jahrhundert war die Blütezeit der Schneeberger Wallfahrt. Wegen der ständig zunehmenden Pilgerschar verlängerte man 1718 das Kirchenschiff nach Westen. Zur

Pflege der Wallfahrt holte man regelmäßig das Privileg des vollkommenen Ablasses ein, bis Papst Pius VII. 1802 dieses Privileg auf Dauer verlieh. Auch die Mönche der Amorbacher Benediktinerabtei pilgerten alle 2 Wochen in die Schneeberger Gnadenkapelle. 1743 wurde das Gnadenbild der „Mutter Gottes auf dem Holderstock" erstmals in einer Prozession durch den Ort getragen, um die Gottesmutter um Hilfe gegen eine Tierseuche zu bitten, die in den Nachbarorten ausgebrochen war. Schneeberg blieb von der Seuche verschont, und auch die befallenen Dörfer ringsum wurden von ihr befreit. Zu dieser Zeit war der Zustrom der Wallfahrer so groß, dass an den Festtagen, besonders dem Fest „Mariä Geburt" am 8. September, Aushilfspriester dem Schneeberger Pfarrer bei der Betreuung der Wallfahrer helfen mussten.

Bis 1862 waren noch Reste des Holderbaumes in der Gnadenkapelle zu sehen. Dann wurde das Gnadenbild in einen Glasschrein gesetzt und an der rechten Seite des Altars aufgestellt. Ende des 19. und Anfang des 20. Jahrhunderts nahm die Beteiligung an der Wallfahrt immer mehr ab, bis sie durch Pfarrer Brenneis in den dreißiger Jahren des 20. Jahrhunderts neu belebt wurde. 1931 wurde die Nordwand der Wallfahrtskirche abgerissen und die Kirche erweitert. Durch diesen Umbau erhielt sie ihre eigenwillige, dreifach gestaffelte Gestalt.

Gegen Ende des 2. Weltkrieges suchte man erneut Schutz bei der Gottesmutter und gelobte am 7. Mai 1944 die beiden Wallfahrtstage „Mariä Geburt" und „Mariä Opferung" als Feiertage zu begehen, wenn die Gemeinde vor Kriegsschäden verschont bliebe. Diese Bitte wurde erhört, und beide Marientage werden seitdem als Festtage gefeiert.

Meditationsweg Schneeberg

Anlässlich des 75-jährigen Jubiläums der Kolpingfamilie Schneeberg wurde 2004 ein Meditationsweg angelegt. Er folgt auf weiten Strecken dem örtlichen Rundweg **S 1** und lädt zu einer besinnlichen und unbeschwerten Wanderung ohne Zeitdruck rund um Schneeberg ein. Goethes Gedicht von der Blume im Walde wird zum Leitfaden für meditatives Gehen:

15

Ich ging im Walde
So für mich hin,
Und nichts zu suchen,
Das war mein Sinn.

Im Schatten sah ich
Ein Blümchen stehn,
Wie Sterne leuchtend,
Wie Äuglein schön.

Der Blick wird frei für das gegenwärtige Erleben und öffnet unsere Sinne für die unterschiedlichsten Eindrücke. Man entdeckt die Fauna und Flora entlang des Weges und findet Zeit, um den Duft der Blumen zu genießen, dem Gesang der Vögel zu lauschen und sich an der Landschaft zu ergötzen. Jede Wahrnehmung ist wie ein Geschenk und das Ausklinken des Alltags eine Wohltat für Körper, Geist und Seele.

Auf dem Meditationsweg von Schneeberg

Charakteristik:	*Besinnliche Wanderung rund um Schneeberg*
Ausgangspunkt:	*Schneeberg, Kirche*
Wanderkarte:	*TF 20-11 „Fränkischer Odenwald“*
Markierungen:	*S 1 – o. Mark.*

15

Ort	**km**	**Zeit**	**Höhe**
Schneeberg	*0,0*	*0:00*	*170*
Schützenhaus	*0,8*	*0:20*	*250*
Dreifaltigkeitskapelle	*0,4*	*0:05*	*170*
Sommerberg	*0,6*	*0:20*	*270*
Kapelle	*1,8*	*0:40*	*166*
Schneeberg	*1,1*	*0:20*	*170*
Gesamtstrecke	*4,7*	*1:45*	

Informationen

Von der Wallfahrtskirche „Mariä Geburt" folgen wir dem örtlichen Rundweg **S 1** von der Hauptstraße in die Marktstraße. An der Marsbachbrücke befindet sich die 1. Station des Meditationsweges, eine Marienfigur. Wenig später erreichen wir am Hofweg die 2. Station, eine Kreuzigungsgruppe mit Maria und Johannes unter dem Kreuz. Dritte Station ist das Kriegerdenkmal am Friedhof. Unter Auslassung der 4. Station biegen wir am Friedhof mit dem Rundweg S 1 links ab und gehen die Steige aufwärts zum **Schützenhaus**.

Am Schützenhaus biegen wir links in den Wald ein und kommen an den Stationen 5 und 6 vorbei zu der Familienkapelle (Station 7) an der Hambrunner Straße. Das Altarbild zeigt Josef mit Maria und dem Kind vor der Flucht nach Ägypten und steht sinnbildlich für den Schutz und den Segen der Familie. Von der Kapelle führt der Weg den Hang des Winterbergs abwärts. Am Radweg kommen wir zur Station 8, die die Vergänglichkeit des Lebens thematisiert. Station 9, am Marsbach, steht sinnbildlich für das Wasser des Lebens.

Diese Kapelle verherrlicht die Allmacht Gottes. Das Bild symbolisiert Gottvater durch den Bundesbogen, Jesus Christus durch das Kreuz, und die 7 Feuerzungen stehen für das Wirken des Heiligen Geistes. Die Striche verweisen auf die zwölf Apostel und die unzähligen Zeugen für die Wahrheit der Botschaft Gottes. An einem Kruzifix in der Roscheklinge führt der Weg aufwärts zum **Sommerberg**.

Der schmale Waldpfad, der eine steile und dunkle Schlucht durchquert, soll ebenso wie der Bildstock im Seifen oder der weite Blick vom Hang des Sommerbergs auf Schneeberg und das reizvolle Tal daran erinnern, dass Gottes Wege vielfältig und verschlungen sind.

An der Amorbacher Straße kommen wir zur Kapelle zur schmerzhaften Mutter Gottes. Hier verlassen wir den Rundweg S 1 und gehen ohne Markierung die Amorbacher Straße in Richtung Schneeberg. Bei der Ölbergkapelle an der Gärtnerei biegen wir rechts von der Straße ab und folgen auf dem Fahrradweg dem Meditationsweg zurück nach **Schneeberg**.

Schwierigkeit: leicht

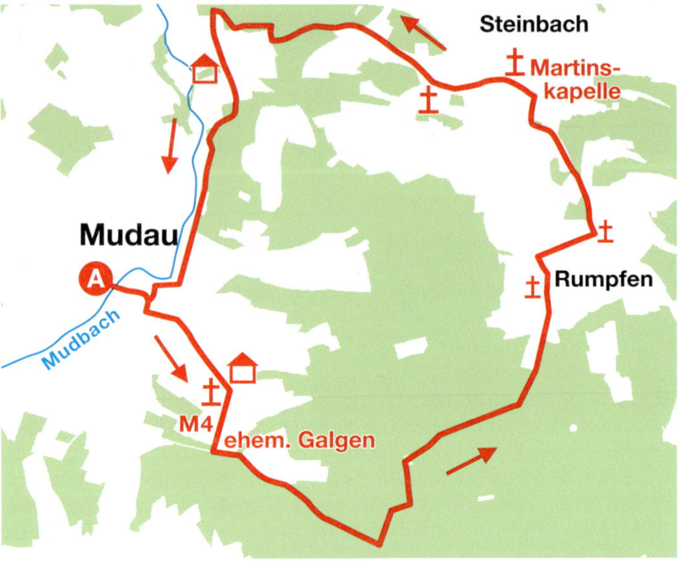

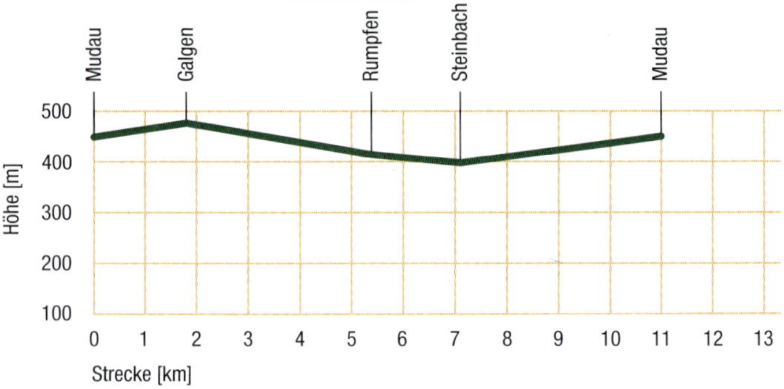

16

Pfarrkirche St. Pankratius

Ältester Teil der Mudauer Pfarrkirche St. Pankratius ist der Turm, der zusammen mit einer Kapelle vermutlich im 14. Jahrhundert errichtet wurde. 1510 wurde dieser Turm um ein drittes Geschoss erhöht. Die Kapelle wurde zu einer ersten Pfarrkirche ausgebaut, die in West-Ost-Richtung ausgerichtet war. Von ihr ist der Sockel des Taufsteins mit der Jahreszahl 1586 noch erhalten. 1684 wurde dann eine neue Pfarrkirche rechts an den Kirchturm angebaut. Der heutige Kirchenbau wurde 1792 fertiggestellt. Dabei wurde die ursprüngliche West-Ost-Richtung in eine Nord-Süd-Ausrichtung abgeändert.

Schutzpatron ist der hl. Pankratius, der um 290 in Phrygien (Türkei) als Sohn wohlhabender Eltern geboren wurde und mit 14 Jahren 304 in Rom als Märtyrer enthauptet wurde. Um 500 wurde ihm zu Ehren in der Via Aurelia eine Basilika gebaut. In der Darstellung erscheint der hl. Pankratius oft in vornehmer Kleidung oder Ritterrüstung mit Schwert, Märtyrerkrone und Palmenzweig. Er zählt zu den Eisheiligen. Sein Gedenktag ist der 12. Mai.

> **Wer sagt denn, dass Menschen unterschiedlicher Rassen, Religionen, Sprachen, Milieus ein unterschiedliches Herz haben?**
> (Antoine de St.-Exupéry)

Mariensäule

Die Mariensäule in Mudau oder das „Mudauer Bild“ wurde 1736 vom Mudauer Pfarrer Pater Honorius Schmich errichtet. Sie ist Ausdruck für die große Verehrung der Gottesmutter im Madonnenländchen und im fränkischen Odenwald.

In früheren Zeiten versammelten sich abends die Jugendlichen am Bild, um den Rosenkranz zu beten, und an Sonn- und Feiertagen sangen die Jungfrauen ein Marienlied. Während des 2. Weltkriegs wurde der Brauch des Bildbetens von den Nationalsozialisten stark eingeschränkt. Mit dem starken Verkehrsaufkommen in der Hauptstraße in der Nachkriegszeit wurde dieser Brauch aufgegeben. Erst nach dem Bau der Umgehungsstraße wurde 2001 das Bildbeten wieder aufgenommen.

2005 wurde die Mariensäule umfassend restauriert. Dabei änderte man die Farbgebung. Der Mantel der Madonna wurde in Anlehnung an den Himmel blau und ihr Gewand in Anlehnung an die Erde braun gemalt.

Kapelle St. Veit und St. Martin in Steinbach

Um 1400 war Steinbach mit 22 Hufen und 32 Familien eine bedeutende Siedlung. Knapp 100 Jahre später begann man mit dem Bau der Martinskapelle. Als dem Ort dann auch der Martinsmarkt verliehen wurde, konnte Steinbach gegenüber den Nachbardörfern eine Vorrangstellung erwerben.

Wahrzeichen von Steinbach ist die Kapelle St. Veit und St. Martin, besser bekannt unter dem Namen „Martinskapelle“. Sie wurde 1494 „in die post Viti“, am Tag nach dem Fest des hl. Veit, also am 16. Juni, geweiht. Erbauer war Johannes Eseler von Amorbach. In den Südfenstern des nach Osten ausgerichteten einschiffigen Langhauses befinden sich die Steinbilder der Kirchenpatrone St. Veit und St. Martin. Prunkstück in der Kapelle ist der zweiflügelige Altaraufsatz. Er ist der Schmerzhaften Mutter Gottes geweiht und zeigt Szenen aus der Leidensgeschichte Jesu. Nach Ansicht von Experten wurde er um 1510 in einer mainfränkischen Werkstatt geschnitzt und erinnert an Arbeiten von Tilman Riemenschneider. Der Altar wurde 1977 restauriert.

Bis zur Erhebung Steinbachs zur selbstständigen Pfarrei mit den Filialen Rumpfen und Stürzenhardt am 23. März 1871 diente die Martinskapelle den Steinbachern als Kirche. Danach wurde eine neue Pfarrkirche notwendig,
16 die 1897 geweiht werden konnte (St. Martin siehe S. 46 ff).

Der Heilige Veit

Der Legende nach wurde der Sohn eines sizilianischen Senators von seinem Erzieher Modestus und seiner Amme Crescentia ohne Wissen seines Vaters im christlichen Glauben erzogen. Als sein Vater davon erfuhr, wollte er seinen Sohn von dem Irrglauben abbringen. Als gutes Zureden nicht fruchtete, schlug er ihn und brachte ihn vor einen Richter, der ihn ebenfalls züchtigen ließ. Doch den Knechten, die Veit schlugen, verdorrten die Arme. Erst durch das Gebet des Kindes wurden die Knechte wieder geheilt. Nun sollten tanzende Mädchen Veit verführen und ihn vom Christentum abbringen. Er ließ seinen Sohn zusammen mit den Mädchen in ein Zimmer einschließen, und als er ihn durch ein Schlüsselloch beobachtete, sah er seinen Sohn von Engeln umgeben, die ein so helles Licht ausstrahlten, dass er erblindete. Auch diesmal heilte ihn

das Gebet seines Sohnes. Trotzdem trachtete der Vater nach dem Leben seines Kindes. Ein Engel half Veit mit Modestus und Crescentia nach Lukanien zu fliehen.

Inzwischen hatte Kaiser Diokletian von dem Wunderknaben gehört und ließ ihn an seinen Hof kommen, damit Veit seinen Sohn von einer schweren Krankheit heile. Als Veit sich aber nach geglückter Heilung weigerte, den heidnischen Göttern zu opfern und seinen christlichen Glauben aufzugeben, ließ der Kaiser ihn zusammen mit Modestus und Crescentia ins Gefängnis werfen, um sie 16
dort zu töten. Die schweren Eisenplatten, die sie erdrücken sollten, hatten keine Wirkung; aus dem Kessel mit siedendem Öl entstiegen sie unversehrt; der Löwe, der sie zerreißen sollte, legte sich zahm vor ihre Füße. Als man sie auf eine Folterbank spannte, um sie zu zerreißen, lösten die Engel die Fesseln und brachten die Gefolterten nach Lukanien zurück, wo sie sanft entschliefen und von der frommen Witwe Florentia bestattet wurden.

Veits Verehrung ist schon sehr früh belegt. Man weihte ihm Kirchen und Klöster. Der heilige Veit ist einer der 14 Nothelfer. Sein Gedenktag ist der 15. Juni. 756 kamen seine Reliquien in die Basilika Saint-Denis bei Paris und von dort 836 als Geschenk in die Benediktinerabtei Corvey an der Weser, deren Patron er heute noch ist. Er wird angerufen bei zahlreichen Erkrankungen, besonders bei Vergiftungen und Krämpfen. Vor allem in den slawischen Ländern gilt er als der Pilzpatron.

Zur Steinbacher Martinskapelle

Charakteristik:	*Streifzug durch die Mudauer Zent*
Ausgangspunkt:	*Mudau, Rathaus*
Wanderkarte:	*TF 20-19 „Östlicher Odenwald – Madonnenländchen"*
Markierung:	*M 4*

16

Ort	**km**	**Zeit**	**Höhe**
Mudau	*0,0*	*0:00*	*450*
Galgen	*1,8*	*0:40*	*477*
Rumpfen	*3,6*	*1:15*	*416*
Steinbach	*1,7*	*0:30*	*400*
Mudau	*4,9*	*1:35*	*450*
Gesamtstrecke	*12,0*	*4:00*	

Informationen

Vom Rathaus in der Schloßauer Straße folgen wir dem Rundweg **M 4** durch die Hauptstraße in den Ortskern zur barocken Mariensäule von 1736 und der katholischen Pfarrkirche St. Pankratius. Durch die Rumpfener Straße und den Bödigheimer Weg kommen wir dann zum **Galgen**.

Bis 1803 war er äußeres Zeichen für die seit 1318 verliehene Hohe Gerichtsbarkeit. Die letzte Hinrichtung fand 1760 statt. Vom Galgen gehen wir zurück auf den Hauptweg und folgen dort der Markierung M 4 durch den Wald nach **Rumpfen**.

Rumpfen dürfte zeitgleich mit dem Fronhof Mudau angelegt worden sein. Da es bei Vererbungen zu keinen Besitzzersplitterungen kam, konnte das Dorf seinen ursprünglichen Charakter unverfälscht beibehalten. Unser Weg führt mitten durch das Dorf. Das kleine Sandsteingebäude mit dem Glockentürmchen war das Schul- und Rathaus. Oberhalb des Dorfes, auf dem Weg nach Steinbach, steht ein mächtiges Steinkreuz. Auf dem Schaft erkennt man eine Schuhsohle und eine Pflugschar. Von hier führt der Weg hinab zur Martinskapelle nach **Steinbach**.

Die Steinbacher St. Martins- und Veitskapelle gilt als das kostbarste Kleinod von Mudau. Der schlichte spätgotische Bruchsteinbau hat bis heute seine ursprüngliche Gestalt unverändert beibehalten können. An den massiven Turm schließt sich das Langhaus mit dem Chor und den gotischen Fenstern mit den Steinbildern von St. Martin und St. Veit an. Schmuckstück ist der Hochaltar im Innern, der der Riemenschneiderschule zugesprochen wird. An der Außenseite findet man die Kopie eines römischen Votivsteines, einen Trapezsteinsarkophag und ein mittelalterliches Sühnekreuz, das man hier sichergestellt hat.
Von der Kapelle gehen wir wieder ein kleines Stück auf der Straße zurück und biegen dann mit dem Rundweg M 4 rechts ab. Der Weg bringt uns teils durch die Feldflur, teils durch den Wald oder am Waldrand entlang wieder zurück nach **Mudau**.

Schwierigkeit: mittel

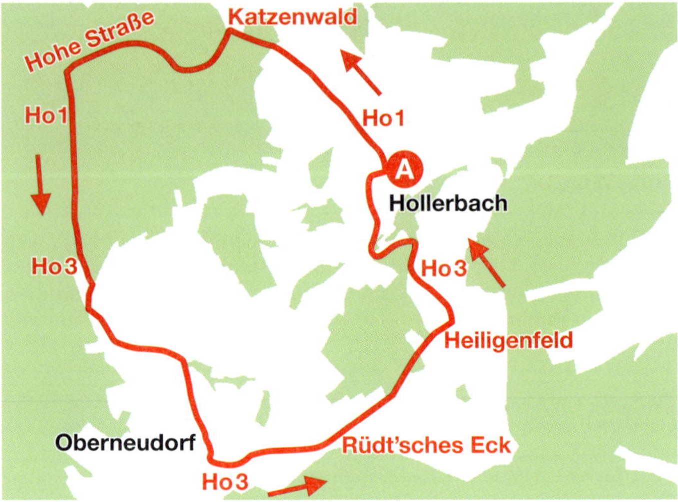

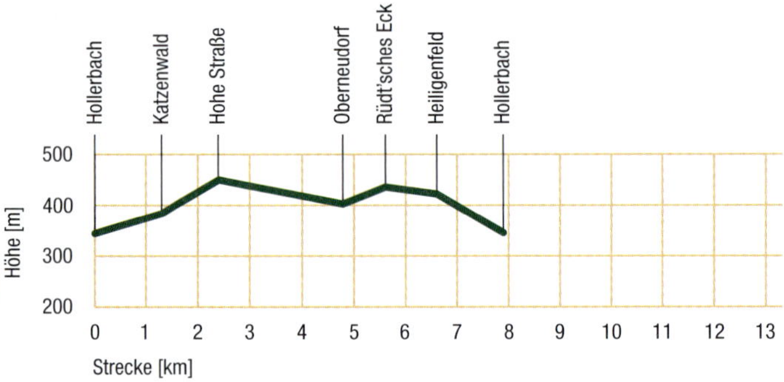

Hollerbach, die Mutterkirche des Odenwaldes

Im Mittelalter war Hollerbach eine bedeutende Pfarrei mit 25 Filialen. Urkundlich wurde der Ort erstmals 1277 erwähnt, als er dem Kloster Amorbach zugeordnet wurde und ein Amorbacher Benediktinermönch den Pfarrdienst in Hollerbach versah. Die Gründung aber dürfte wesentlich früher von Bödigheim aus erfolgt sein. Mit der vom Bauland ausgehenden weiteren Erschließung des Hinteren Odenwaldes nach Westen, wurden neu entstandene Siedlungen der Pfarrei Hollerbach zugeordnet, sodass schließlich eine Riesenpfarrei mit 25 Filialen und einer Fläche von ca. 180 Quadratkilometern entstand mit Trienz im Süden und Schöllenbach im Westen. Dabei lag Hollerbach dezentral am östlichen Rand der Pfarrei. Von den Gläubigen wurde verlangt, in der Fastenzeit in Hollerbach zur Beichte zu gehen, am Karfreitag den dortigen Gottesdienst zu besuchen und dort auch die Neugeborenen taufen zu lassen. Erst 1425 erlaubte der Bischof von Würzburg Limbach mit 9 und Mudau mit 13 Filialen die Trennung von Hollerbach. Bei Hollerbach verblieben danach nur noch Steinbach mit Rumpfen und Oberneudorf. 1870 löste sich dann noch Steinbach mit Rumpfen aus der Hollerbacher Pfarrei, sodass nur noch Oberneudorf bei der einstigen Mutterkirche des Odenwaldes verblieb.

> **Um sich am Flug eines Schmetterlings erfreuen zu können, muss man auch Raupen ertragen.**
> (Antoine de St.-Exupéry)

Johannes der Täufer

Geweiht ist die Hollerbacher Kirche Johannes dem Täufer. Das Bild im Hauptaltar zeigt die Taufe Jesu durch Johannes. Seine Enthauptung ist am unteren Bildrand angedeutet.

Johannes war der Sohn des Priesters Zacharias und seiner Frau Elisabeth, dessen Ehe lange Jahre kinderlos geblieben war. Als Zacharias eines Tages im Tempel opferte, erschien der Erzengel Gabriel und prophezeite ihm die baldige Geburt eines Sohnes. Zacharias aber zweifelte wegen seines hohen Alters an den Worten des Engels und wurde dafür mit Stummheit bestraft. Erst als er nach der Geburt seines Sohnes dessen Namen Johannes auf eine Wachstafel schrieb, erhielt er seine Sprache wieder zurück. Als Erwachsener ging Johannes in die Wüste und führte dort ein asketisches Leben. Er trug ein Gewand aus Kamelhaaren mit einem ledernen Gürtel um seine Hüften, aß Heuschrecken und wilden Honig und trank aus einer Quelle. Eines Tages hörte er den Ruf Gottes und machte sich auf den Weg zum Jordan, um Umkehr und Buße zu predigen sowie das baldige Kommen des Gottesreiches und die bevorstehende Ankunft des Messias zu verkünden. In seinen Predigten rief er zu einem Gott gefälligen Leben auf, prangerte Sünden und Unzucht an und taufte die zahlreich zusammengelaufenen Zuhörer im Jordan. Seine Anhängerschaft wuchs ständig und viele Menschen hielten Johannes für einen Propheten. Auch Jesus, der am
17 Jordan erschienen war, ließ sich von ihm taufen. Wenig später wurde Johannes von Soldaten des Herodes gefangen genommen und ins Gefängnis geworfen, weil dieser den König öffentlich angeprangert hatte, die Frau seines Halbbruders zu seiner Nebenfrau gemacht zu haben. Die erzürnte Königin Phasaelis zog sich daher in die Grenzfestung Machaerus am Toten Meer zurück und floh von dort zu ihrem Vater, dem Nabatäer König Aretas IV. Auch die neue Frau von Herodes sann nach Rache, da sie von Johannes als Hure bezeichnet worden war. Die Gelegenheit dazu ergab sich bei der Geburtstagsfeier von Herodes. Der Tanz ihrer Tochter Salome hatte den König so verzaubert, dass er verzückt ausrief, ihr jeden Wunsch zu erfüllen. Als Salome ihre Mutter fragte, was sie sich wünschen solle, sagte diese ohne zu zögern: „Den Kopf des Täufers". Der König, der sein Versprechen vor allen Gästen geleistet hatte, konnte dieses Verlangen nun nicht mehr abschlagen

und schickte seinen Henker ins Gefängnis, der Salome den Kopf des Täufers auf einem silbernen Tablett überreichte.

In dem Krieg zwischen dem Nabatäerkönig Aretas IV., der die Schmach seiner verstoßenen Tochter Phasaelis rächen wollte, und Herodes erlitt das Heer des Herodes eine Niederlage. Darin sahen die Juden eine gerechte Strafe Gottes für die Hinrichtung Johannes des Täufers.

Der Legende nach wurde der Leichnam des Johannes in Samaria, dem heutigen Shomron, beerdigt. Im 4. Jahrhundert errichtete man dort eine Kirche. Die Städte Istambul, Damaskus und Hims behaupten, das Haupt des Johannes zu besitzen. Reliquien werden auch im Kloster Abu Makar in Ägypten verwahrt. Das Datum seines Gedenktages ist der 24. Juni, das Sonnwendfest. Im Mittelalter wurden die Johannes-Feste als „Sommerweihnachten" und mit einer Mitternachtsmesse gefeiert. Neben Jesus und Maria ist Johannes der einzige, dessen Geburtstag gefeiert wird. Seit dem 4. Jahrhundert wurden dem Heiligen viele Kirchen geweiht, insbesondere Taufkirchen und Taufkapellen. Dargestellt wird er zumeist in einem Mantel aus Kamelhaar mit Kreuzstab, Lamm und Taufschale. Johannes ist auch der Patron vieler Städte und Regionen, vieler Berufe, der Lämmer, Schafe und Haustiere. Er wird angerufen bei Suchtkrankheiten und Anfällen.

Wendelinus-Fest

Zu den besonderen Festtagen von Hollerbach gehören die Feier des Kirchenpatrons Johannes des Täufers sowie das Fest zu Ehren des Schutzpatrons von Hollerbach, dem hl. Wendelin. Hirten und Bauern im gesamten süddeutschen Raum feiern alljährlich am 20. Oktober sein Namensfest mit Ritten und Pferdesegen. In vielen Kirchen und Kapellen findet man sein Bild oder einen ihm geweihten Altar.
War es früher vor allem die ländliche Bevölkerung, die aus Sorge um ihr Vieh an den Festgottesdiensten, Andachten und Prozessionen zu Ehren des hl. Wendelin teilnahm, hat der Wunsch nach einem Leben im Einklang mit der Natur bei einer breiten Bevölkerungsschicht das Interesse an der Wendelin-Verehrung geweckt. So kommen zunehmend mehr Gläubige am 20. Oktober zum Fest des hl. Wendelin. Viele Reiter und Kutscher lassen an diesem Tag ihre Pferde segnen.

Hollerbach, die Mutterkirche des Odenwaldes

Charakteristik:	*Besinnliche Wanderung zu religiösen Kleindenkmalen*
Ausgangspunkt:	*Hollerbach, Kirche*
Wanderkarte:	*TF 20-19 „Östlicher Odenwald – Madonnenländchen“*
Markierungen:	*Ho 1 – Ho 3*

17

Ort	**km**	**Zeit**	**Höhe**
Hollerbach	*0,0*	*0:00*	*345*
Katzenwald	*1,3*	*0:25*	*385*
Hohe Straße	*1,1*	*0:20*	*450*
Oberneudorf	*2,4*	*0:45*	*404*
Rüdt'sches Eck	*0,8*	*0:20*	*436*
Heiligenfeld	*1,0*	*0:20*	*421*
Hollerbach	*1,3*	*0:20*	*345*
Gesamtstrecke	*7,9*	*2:30*	

Informationen

Die alte Ummauerung des Gotteshauses umschloss einst den alten Kirchhof. 1863 wurde dann der Friedhof außerhalb des Ortes an seinen heutigen Standort verlegt. Im Kirchhof steht das Missionskreuz von 1911, das zur Einkehr und zum Gebet mahnt. Von der Kirche folgen wir dem örtlichen Rundweg **Ho 1** von der Holunderstraße in die Unterneudorfer Straße. Hier steht am Abzweig der Weinbergstraße ein Kreuzdachbildstock aus dem 17. Jahrhundert. Anlass seiner Errichtung war vielleicht ein tödlicher Unfall. Der Weg führt durch die Feldflur weiter aufwärts in den **Katzenwald**.

Hier halten wir uns links und kommen zur **„Hohen Straße"**.

Auch hier biegen wir links ab und laufen nun leicht abwärts. Beim Zusammentreffen mit dem Rundweg **Ho 3** folgen wir diesem geradeaus weiter nach **Oberneudorf**.

Oberneudorf liegt an der Quelle des Hollerbachs. Urkundlich wurde der Ort erstmals 1251 erwähnt. Besitzer waren die Herren von Dürn. 1906 wurde eine kleine Kapelle gebaut, die 1963 erweitert wurde. Der älteste Bildstock steht in einer kleinen Anlage in der Nähe der Schule und zeigt die Kreuzigungsszene, die Heilige Familie und das Walldürner Blutbild. Der 2. Bildstock in der Prinzensteinstraße zeigt den Anlass seiner Errichtung, der tödliche Unfall eines Kindes, und die Heilige Familie. Auf dem Weg hinauf zum **Rüdt'schen Eck** kommen wir an einem Hochkreuz vorbei. Auch hier war der Tod eines 13-jährigen Jungen Anlass seiner Errichtung.

Der Name bezieht sich auf früheren Waldbesitz der Freiherren Rüdt von Collenberg. Der aussichtsreiche Weg folgt nun der Wasserscheide zwischen Main und Neckar.

Beim Bildstock am Wallfahrtsweg nach Walldürn biegen wir links ab und gehen hinab nach **Hollerbach**. Im Ort stehen mehrere sehenswerte Bildstöcke.

Schwierigkeit: leicht

Zur Wallfahrtsstätte „Kappel"

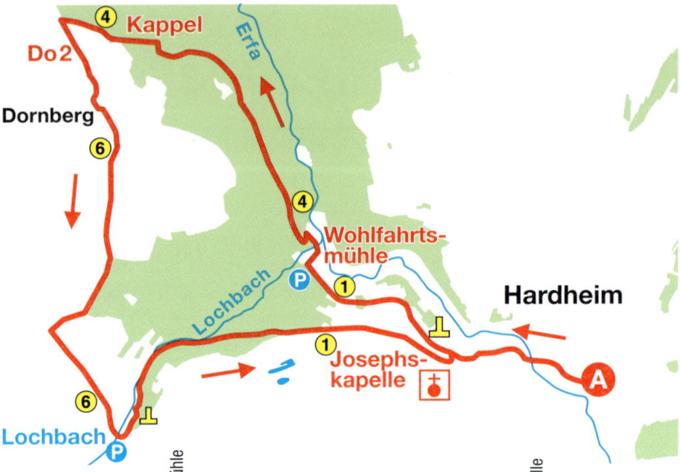

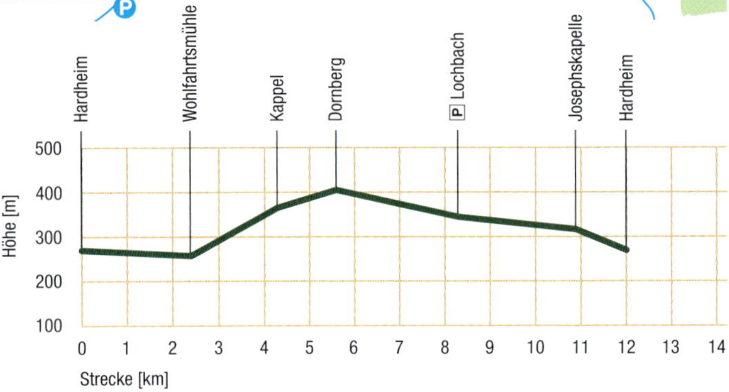

18 Katholische Kirche St. Alban

Mit den Worten: „Wir bauen den Erftaldom" motivierte Ende des 19. Jahrhunderts der Hardheimer Pfarrer Stephan seine Gemeinde zum Bau der römisch-katholischen Kirche St. Alban.

Am 12. Juli 1891 wurde der Grundstein gelegt. Der Neubau ersetzte einen gotischen Vorgängerbau, der einsturzgefährdet war und in dem am 20. November 1888 der letzte Gottesdienst stattfand. In den Neubau flossen romanische und byzantinische Stilelemente ein, die mit denen des Historismus und des Jugendstils kombiniert wurden. So entstand ein prunkvoller Kirchenbau, der Weihnachten 1894 geweiht werden konnte.

In der Nachkriegszeit fand vielerorts eine Purifizierung der Kirchenräume statt. Auch Hardheim blieb davon nicht verschont. Mitte der 1960-er Jahre wurde nahezu alles, was an Neobyzantinik erinnerte und farbig war, entfernt, und im Kirchenraum dominierten kahle und weiße Wände. Erst in den 1990-er Jahren wurde bei einer durchgreifenden Kirchenrenovierung die ursprüngliche Farbgebung wieder hergestellt, die seitdem den Kirchenraum in alter Pracht neu erstrahlen lässt. Auch die 1968 neu eingebaute Vleugels-Orgel wurde auf ein 3-manualiges Instrument erweitert, auf der seitdem renommierte Organisten aus der ganzen Welt ihre Konzerte geben.

> **Geh nicht nur die glatten Straßen. Geh Wege, die noch niemand ging, damit du Spuren hinterlässt und nicht nur Staub.**
> (Antoine de St.-Exupéry)

St. Alban

Der heilige Alban war Priester, Missionar und Märtyrer. Er wurde in Italien geboren und erlitt in Mainz den Märtyrertod. Sein Gedenktag ist der 21. Juni.

Es ist überliefert, dass er zur Zeit des Kaisers Theodosius I. zu Ambrosius nach Mailand geschickt wurde und von dort zusammen mit Theonestus und Ursus zur Missionierung nach Gallien zog und schließlich über Augsburg nach Mainz gelangte. Dort setzte Alban den vertriebenen Bischof Aureus wieder in sein Amt ein. Wenig später aber wurde Aureus bei einem Überfall der Vandalen auf Mainz erschlagen. Auch Alban wurde von ihnen beim Gebet überrascht und enthauptet. Der Legende nach soll Alban seinen abgeschlagenen Kopf aufgehoben und an die Stelle getragen haben, wo er begraben werden wollte.

Ihm zu Ehren und im Gedenken seiner verstorbenen Frau Frastrada ließ Karl der Große das Stift St. Alban auf der Albanschanze bei Mainz errichten, in dem lange Zeit auch die Mainzer Bischöfe beigesetzt wurden. Mit der Zerstörung des Klosters1329 und vor allem nach der Reformation im 16. Jahrhundert wurde die Verehrung des hl. Alban eingeschränkt. Dargestellt wird er meist mit seinem Schwert und dem Haupt in seinen Händen. Er ist Patron von Mainz, der Bauern und wird bei Unwetter und Krankheiten angerufen.

Wohlfahrtsmühle

Die Wohlfahrtsmühle im Erfatal wurde Mitte des 15. Jahrhunderts erstmals als „Dechantsmühle" erwähnt. Der Name verweist auf die Familie Dechant, die seit dem 14. Jahrhundert nachweisbar ist. Daneben findet sich auch die Bezeichnung „Kniebrechermühle" wobei offen bleibt, ob sich dieser Name auf den schlechten Wegzustand (kniebrecherisch) zur Mühle bezieht, oder auf ein Gitterrost, der zur Abwehr von wilden Tieren den Zugang zur Mühle schützen sollte.

Im Dreißigjährigen Krieg wurde die Mühle verlassen und wurde erst 1688 wieder als Mahlmühle erwähnt.

Ende der 1960-er Jahre wurde der Mühlenbetrieb eingestellt und das Anwesen zu einem Hotel umgebaut. Mühlkanal, Stauwehr, Mühlstein und Mühlrad aber erinnern noch an den ehemaligen Mühlenbetrieb.

Neben der Wohlfahrtsmühle befindet sich eine kleine Kapelle. Sie wurde 1855 zu Ehren der Mutter Gottes geweiht und ersparte den Mühlenbewohnern den Weg zur Kirche.

Die „Kappel"- Gotteshaus und Einsiedelei

Mitten im Wald liegen die Überreste einer alten Kapelle, im Volksmund seit jeher „Kappel" genannt. Erbaut wurde das einstige Gotteshaus von den Junkern von Hardheim Anfang des 15. Jahrhunderts. Zeitgleich dürfte in unmittelbarer Nähe eine Einsiedelei entstanden sein. 1479 bat Kunz Göller den Junker von Hardheim, ihm das „Bruderamt" zu übertragen. Dazu gehörte das Öffnen und Schließen der Kapelle, die Betreuung der Kirchengeräte und die Bereitstellung des Blumenschmucks. Dafür erhielt er von dem Junker eine Entschädigung, die auch bei Erkrankung gewährt wurde. Die sonntäglichen Messen für die Dornberger Bevölkerung wurden von einem Hardheimer Priester durchgeführt.

Wegen Priestermangel unterblieb ab Mitte des 16. Jahrhunderts diese Messe. Schließlich wurde ein Pfarrer aus Höpfingen zum Gottesdienst verpflichtet. Dieser verbreitete jedoch in Übereinstimmung mit den Junkern von Hardheim, die zum Protestantismus übergetreten waren, die Lehre Luthers.

18

Zur Zeit der Gegenreformation wurde die Kapelle Ziel lokaler Wallfahrten. Ständige Messen aber fanden hier nicht mehr statt. Ein Jahr später wurde mit Zustimmung der geistlichen Obrigkeit das Dach abgenommen und die Mauern dem Verfall überlassen.

Heute sind die Mauern gesichert und gelegentlich finden wieder Gottesdienste und Messen statt.

St. Stephanus-Kirche, Dornberg

Seine heutige Gestalt erhielt die Kirche 1770 bei einer Erweiterung des spätgotischen Langhauses. Das Untergeschoss des romanischen Chorturms verweist auf einen Vorgängerbau um 1200. Die drei Altäre, die Kanzel und der Orgelprospekt tragen barocke Formen. Kirchenpatron ist der heilige Stephanus.

Der heilige Stephanus

Stephanus war der erste von sieben Diakonen der christlichen Urgemeinde von Jerusalem. Diese Diakone hatten neben der Glaubensverkündung die Aufgabe, sich um die sozialen Belange der Gemeinde zu kümmern und Konflikte zu lösen, die zwischen Kirchenmitgliedern mit griechischem und jüdischem Hintergrund aufgetreten waren.

Stephanus wurde als ein Mann „voller Gnade und Kraft" bezeichnet, der erstaunliche Wunder vollbrachte. Einige Juden aber ließen verbreiten, Stephanus habe Moses und Gott beleidigt. Daher schleppte man ihn vor den jüdischen Rat und falsche Zeugen sagten aus, Stephanus würde behaupten, dass Jesus den Tempel einreißen und die Gesetze Moses abschaffen wolle. In seiner Verteidigungsrede unterstrich Stephanus den universellen Anspruch des Christentums und bezeichnete Jesus als Sohn Gottes. Bei dieser Rede gerieten die Männer des jüdischen

Rates so in Wut, dass sie Stephanus ergreifen und vor den Stadttoren steinigen ließen. Während man ihn mit Steinen bewarf, betete Stephanus zu Gott und bat ihn, seinen Peinigern zu vergeben. Auch Saulus, der spätere Apostel Paulus, billigte das Urteil des jüdischen Rates und war bei der Steinigung zugegen. Dieser Tag war der Beginn der Christenverfolgungen in Jerusalem.

Der Überlieferung nach wurde der Leichnam von Stephanus von Nikodemus und Gamaliel begraben. Rund 400 Jahre später erschien dem Priester Lucianus im Traum dreimal hintereinander der greise Gamaliel und forderte ihn auf, die Gebeine des Stephanus aus dem verwahrlosten Grab in ein Kloster bei Jerusalem zu überführen, worauf Stephanus in der Zionskirche in Jerusalem bestattet wurde. Bischof Juvenal überführte die Gebeine 439 in die neue Stephanskirche, die man an der Stelle seines Martyriums errichtet hatte. Kaiserin Eudokia ließ sie bald darauf zu einer geräumigen Basilika umbauen, die 614 von den Persern zerstört wurde. Der Legende nach wollte ein Senator aus Konstantinopel, der in Jerusalem starb, neben Stephanus beerdigt werden. Als dann dessen Frau nach Konstantinopel zurückkehrte und den Sarg ihres Mannes mitnehmen wollte, verwechselte man seinen Sarg mit dem des Stephanus, und die Gebeine des Stephanus wurden auf diese Art in einer Kirche in Konstantinopel beigesetzt. 585 ließ Papst Pelagius II. die Gebeine des Stephanus nach Rom bringen und in der Krypta von S. Lorenzo fuori le Mura neben dem Leichnam von Laurentius bestatten. Beide Heilige gelten als die Stadtpatrone von Rom. Stephanus ist auch der Schutzpatron der Pferde und Kutscher. Er wird angerufen für ein gutes Gelingen der Feldarbeit und für Glück und Gesundheit im Haus. Sein Gedenktag ist der 26. Dezember.

Zur Wallfahrtsstätte „Kappel"

Charakteristik: *Abwechslungsreiche Waldwanderung*
Ausgangspunkt: *Hardheim, katholische Kirche St. Alban*
Wanderkarte: *TF 20-20 „Fränkischer Odenwald – Madonnenländchen"*
Markierungen: ⊥ *(gelb)* – ① – ④ – *Do 2* – ⑥ – ⊥ *(gelb)* – ① – ⊥ *(gelb)*

Ort	km	Zeit	Höhe
Hardheim	*0,0*	*0:00*	*270*
Wohlfahrtsmühle	*2,4*	*0:50*	*258*
Kappel	*1,9*	*0:45*	*365*
Dornberg	*1,3*	*0:25*	*405*
🅿 *Lochbach*	*2,7*	*0:50*	*345*
Josephskapelle	*2,6*	*0:50*	*320*
Hardheim	*1,1*	*0:20*	*270*
Gesamtstrecke	*12,0*	*4:00*	

Informationen

Von der Wertheimer Straße folgen wir der OWK-Markierung ⊥ (gelb) in die Miltenberger Straße und von dort links in die Doggenbrunnen Straße. Hinter der Steinemühle beginnt der Stationsweg, der hinauf zur Josephskapelle führt. Am Parkplatz unterhalb der Kapelle biegen wir rechts ab und gehen teils auf naturbelassenen Wald- und Wiesenwegen hinab ins Erfatal. Oberhalb der Wohlfahrtsmühle verlassen wir die OWK-Markierung und folgen dem Rundweg ① nach rechts hinab zur **Mühle**.

Von der Mühle folgen wir nun dem Rundweg ④ an der kleinen Kapelle vorbei aufwärts. Kurz vor der Straße biegen wir im spitzen Winkel erst links und dann gleich wieder rechts ab. Ein schöner Waldweg führt anfangs steil hinauf zur Kapellenruine **„Kappel"**.

Von der Kapellenruine folgen wir zunächst noch dem Rundweg ④ und nach dessen Abbiegen nach rechts der örtlichen Markierung **Do 2** am Waldrand entlang zur Straße und diese abwärts nach **Dornberg**.

In Dornberg gehen wir mit dem Rundweg ⑥ auf der K 3910 längs durch den Ort und biegen am Ortsende rechts in die Straße „Am Hohlweg" ein. An der Waldecke halten wir uns rechts und gehen am Waldrand und durch die Feldflur hinab zum Parkplatz **„Lochbach"**.

18

Unterhalb vom Parkplatz kommen wir wieder auf die OWK-Markierung ⊥ (gelb) und folgen ihr an einer Kleintierzuchtanlage und an Fischteichen vorbei den Lochbach abwärts. Beim Zusammentreffen mit dem Rundweg ① folgen wir diesem nach rechts zur **Josephskapelle**.

Die Kapelle steht am Ende des Kreuzweges am alten Wallfahrtsweg nach Walldürn. Sie wurde 1718 von dem Bronnbacher Abt Joseph Hartmann geweiht. Von hier gehen wir nun den schon bekannten Kreuzweg hinab nach **Hardheim**.

Schwierigkeit: mittel

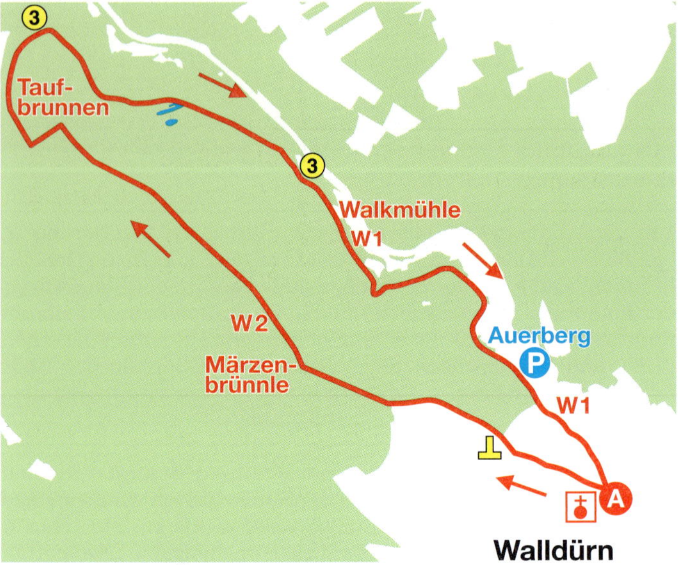

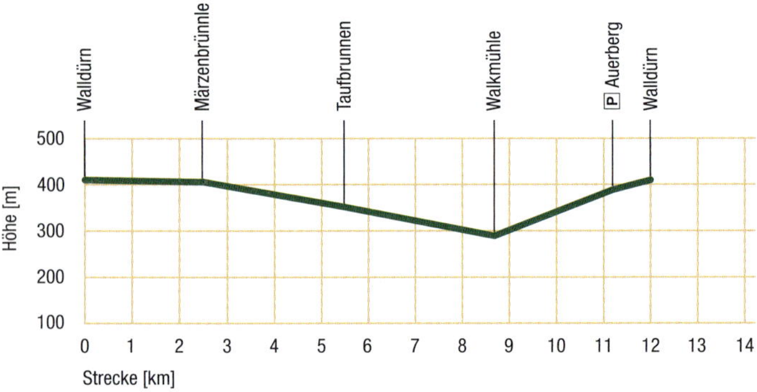

Das Walldürner Blutbild
Entscheidend für die Entwicklung Walldürns war ein Ereignis aus dem Jahre 1330.

Ein junger Priester namens Heinrich Otto stieß in der St.-Georgs-Kirche während der heiligen Messe versehentlich den Kelch mit dem bereits konsekrierten Wein um. Dieser ergoss sich auf das Kelchtuch, auf dem sich daraufhin das Christus-Bild, umgeben von 11 dornengekrönten Häuptern bildete. Aus Angst wegen seiner Ungeschicklichkeit bestraft zu werden, verbarg der junge Priester das

Leinentuch unter der Altarplatte. Erst auf dem Sterbebett bekannte er seine Tat und gab die Stelle an, an der er das Korporale verborgen hatte. Man fand das Tuch mit den blutroten Abbildungen, und schnell verbreitete sich die Nachricht von dem Blutwunder. Schon bald kamen die ersten Pilger zur Verehrung des Blutbildes nach Walldürn. Als man 1445 das Tuch zu Papst Eugen IV. nach Rom brachte, war das heute verblichene Bild des Gekreuzigten und die als „Veronicae" bezeichneten Häupter des Dornengekrönten noch deutlich zu sehen. In der noch vorhandenen Ablassurkunde des Papstes wird dies ausdrücklich vermerkt und das Geschehen als Wunder anerkannt, was zu verstärkt einsetzenden Wallfahrten führte. Selbst Pest, Bauernkrieg, Reformation und Dreißigjähriger Krieg brachten die Wallfahrten nie zum Erliegen. Im 18. und 19. Jahrhundert gehörte Walldürn zu den bedeutendsten Wallfahrtsstätten Deutschlands. Auch heute, während der Hauptwallfahrtszeit, beginnend am Sonntag nach Pfingsten, kommen vier Wochen lang alljährlich mehr als 100 000 Gläubige zum Heilig-Blut-Altar nach Walldürn.

> **Wunder kann man nicht einfordern; sie haben keine Uhrzeit und keinen Fahrplan; man kann sie nur erbitten.**
> (Autor)

19

Die Wallfahrtsbasilika

Die erste Kirche in Walldürn um 1300 war ein kleiner gotischer Bau, der etwa den linken Teil des heutigen Querschiffes und die beiden linken Seitenkapellen umfasste. Nachdem das Blutwunder bekannt wurde, und besonders nach der Bestätigung und der Ablassgewährung durch Papst Eugen IV. im Jahre 1445, erfuhr die Wallfahrt einen solch großen Zustrom, dass die Kirche vergrößert werden musste. 1497 konnten zusammen mit dem Neubau 5 Altäre eingeweiht werden. Etwa 100 Jahre später war auch diese erweiterte Wallfahrtskirche dem Zustrom der Pilger nicht mehr gewachsen. An gut besuchten Wallfahrtstagen musste ein Altar außerhalb der Kirche aufgestellt werden. Die Planung sah auch einen Kapellenanbau für den Blutaltar vor. Ab 1697 schließlich verfolgte der Mainzer Fürstbischof Lothar Franz von Schönborn den Gedanken, in Walldürn eine große Wallfahrtskirche bauen zu lassen. 1728 wurde die neue St. Georgs-Kirche geweiht. Mit ihrer prächtigen Innenausstattung zählt sie zu den schönsten Barockbauten im weiten Umkreis. 1962 erhob Papst Johannes XXIII. die Wallfahrtsbasilika zur „Basilica Minor".

Der wesentliche Teil der Wallfahrtskirche, der Blutaltar, befindet sich im ältesten Teil der heutigen Kirche aus der Zeit um 1300 an der Westseite des Nordturms, dessen

Untergeschoss einst der Chor der damaligen Kirche war. Der Altaraufbau in Sandstein und Alabaster entstand beim Umbau der Kirche 1622/26. Der silberne Schrein mit dem Wunderkorporale im Blutaltar ist die Arbeit eines Augsburger Künstlers von 1683. Die hochbarocke Umfassung stammt aus der Zeit des Kirchenneubaus von 1726/30, der Tabernakel von 1940 und die hintere Öffnung samt Treppe von 1956, um das Umkreisen des Altares zu ermöglichen.

Der Wallfahrtsplatz

An besonderen Wallfahrtstagen, wenn Tausende von Pilgern in die Stadt strömen, finden die Pontifikalämter im Freien auf dem Wallfahrtsplatz statt. Zentraler Mittelpunkt des Platzes ist der Freialtar unter einem großen Altardach. Der aus Sandstein gefertigte Altar ist von allen Seiten gut einsehbar. An den beiden großen Festtagen, Fronleichnam und, eine Woche später, am großen Blutfeiertag, wird der Weg zum Freialtar mit einem Blumenteppich geschmückt. Eine besondere Atmosphäre ergibt sich in den Abendstunden bei den Lichterprozessionen.

Aber auch außerhalb der Wallfahrtszeit bietet der Platz Ruhe und Entspannung. Dies gilt insbesondere für die Lourdes-Grotte, an der viele Pilger in aller Stille zur Mutter Gottes beten und Marienlieder singen.

Die Wallfahrtsgruppen

Außer den jährlichen Fußwallfahrtsgruppen, die oft mehrere Tage unterwegs sind, wie z.B. die Pilger aus Köln oder Fulda, besuchen noch viele andere Gruppierungen den Heilig-Blut-Altar in Walldürn.

Am Pfingstsamstag ist Walldürn Ziel einer Motorradwallfahrt. Biker aus ganz Deutschland treffen sich hier
19 zum Gottesdienst auf dem Wallfahrtsplatz vor der Basilika. Seit 2002 hat sich eine Wallfahrt der Radfahrer etabliert, die besonders von Familien mit Kindern gut angenommen wird, wobei auch immer mehr Radfahrer aus entfernten Regionen sich auf den Weg nach Walldürn machen. Seit 2005 wallen Pferdefreunde der gesamten Region unter Beteiligung von Kutschen und Gespannen nach Walldürn. Der Wallfahrtstag für Erstkommunionkinder wird von vielen Pfarreien wahrgenommen. Guten Zuspruch haben auch der Jugendwallfahrtstag und die Reisemobilwallfahrt.

So bleibt das Geschehen an das Blutwunder von Walldürn durch alle Generationen und alle Gruppierungen lebendig und der Heilig-Blut-Altar ein Ort der Besinnung, an der auch künftig Menschen Kraft und Hoffnung schöpfen können.

Waldkapelle zur Schmerzhaften Mutter Gottes am Märzenbrünnle

Die idyllisch gelegene Waldkapelle am Märzenbrünnle am Ende des Kreuzweges ist Ziel vieler Wanderer und Pilger. Bereits in keltischer Zeit soll die Quelle als Heiligtum verehrt worden sein.

1899 wurde die ehemalige Holzkapelle dank zahlreicher Spenden und Stiftungen unter Beteiligung vieler Walldürner Bürger aus Buntsandstein neu errichtet. Nach dem Sturm Wiebke im Frühjahr 1990 wurde der Baumbestand rund um die Kapelle zurückgenommen, um eine künftige Gefährdung durch Windbruch auszuschließen. Zur 100-Jahr-Feier 1999 wurden Turm und Dach ausgebessert, der Glockenstuhl stabilisiert, der Innenraum renoviert sowie der Vorplatz neu gestaltet, um bei Festgottesdiensten ausreichend Platz zur Verfügung zu haben. Auch die 14 Stationsbilder des Kreuzweges wurden renoviert.

Das Walldürner Blutbild

Charakteristik:	*Über den Kreuzweg zur Waldkapelle und zum Taufbrunnen*
Ausgangspunkt:	*Walldürn, Basilika*
Wanderkarte:	*TF 20-20 „Fränkischer Odenwald – Madonnenländchen“*
Markierungen:	⊥ *(gelb) – W 2 –* ③ *– W 1*

19

Ort	**km**	**Zeit**	**Höhe**
Walldürn	*0,0*	*0:00*	*410*
Märzenbrünnle	*2,5*	*1:00*	*408*
Taufbrunnen	*3,0*	*1:00*	*355*
Walkmühle	*3,2*	*1:00*	*290*
🅿 *Auerberg*	*2,5*	*0:45*	*390*
Walldürn	*0,8*	*0:15*	*410*
Gesamtstrecke	*12,0*	*4:00*	

Informationen

Von der Basilika folgen wir der OWK-Markierung ⊥ (gelb) durch die Hauptstraße in die Sandgasse und von dort die Pater-Josef-Eckstein-Straße aufwärts. Kurz nach Waldeintritt beginnt der Kreuzweg, der hinauf zum **Märzenbrünnle** führt.

An der Waldkapelle oberhalb vom Märzenbrünnle verlassen wir die OWK-Markierung und folgen dem Rundweg **W 2** nach rechts. Der ausgebaute Forstweg steigt zunächst bis zum 1. Bildstock leicht an. Kurz hinter dem 2. Bildstock biegt unser Wanderweg links ab. Beim Zusammentreffen mit dem Rundweg ③ biegen wir wieder rechts ab. Bei der nächsten Kreuzung halten wir uns links und sehen nach wenigen Schritten rechts unterhalb vom Weg den **Taufbrunnen**.

Der Taufbrunnen zählt zu den ältesten Kulturdenkmäler von Walldürn und diente schon den Kelten und Germanen als Quellheiligtum. Nach Gründung des Klosters Amorbach im 8. Jahrhundert tauften hier die Mönche die ersten Christen. Im Gegensatz zu den anderen heidnischen Quellheiligtümern ist diese Quelle jedoch nicht durch eine christliche Kapelle überbaut worden. In einer Urkunde von 1658 ist dokumentiert, dass in diesem Jahr der Taufbrunnen als Viehtränke restauriert wurde. 1994 errichtete hier die OWK-Ortsgruppe Walldürn einen Findling mit Inschrift. Vom Taufbrunnen gehen wir zurück zur Kreuzung und folgen von dort dem Rundweg ③ geradeaus um den Winterberg herum hinab in Marsbachtal zur **Walkmühle**.

Im Tal stoßen wir auf den Rundweg **W 1** und folgen nun dieser Markierung auf einer asphaltierten Forststraße das Tal aufwärts in Richtung Walldürn.

Am Waldrand kommen wir zum Parkplatz „Auerberg". Hier überqueren wir den Theodor-Heuss-Ring und gehen unterhalb vom Friedhof zurück in die Innenstadt.

Schwierigkeit: mittel

Vom Kreuzweg zu den Teufelslöchern

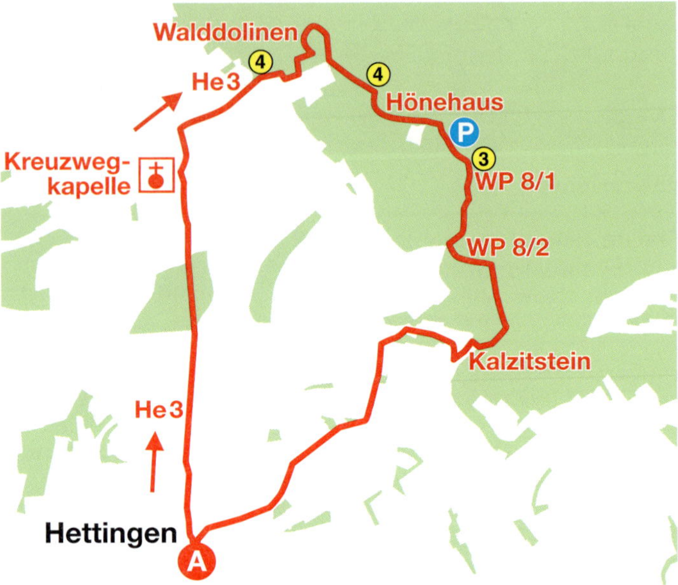

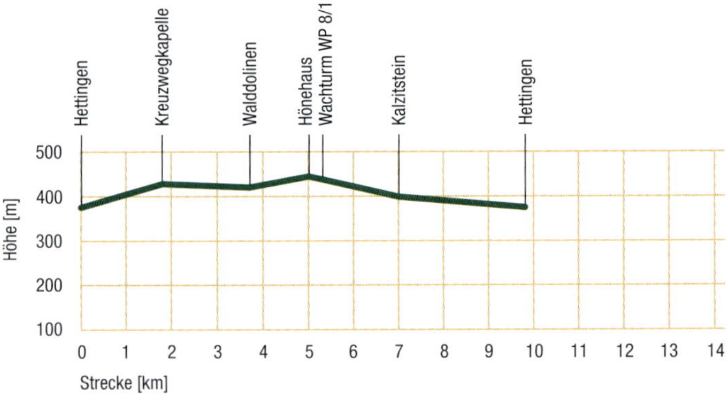

Odilientag

Alljährlich feiert die Pfarrgemeinde Hettingen das Fest der Heiligen Odilia. Dieses Fest wurde vor fast 300 Jahren, 1720, von dem damaligen Hettinger Pfarrer eingeführt. Anlass war eine Schenkung des Bistums Fulda von Reliquien der Heiligen Odilia. Dieser Feiertag beginnt mit einem Hochamt. Es folgt eine Prozession durch das Dorf mit anschließender Reliquienverehrung. Mit der Heiligenvesper klingt dann der Tag der Ortspatronin aus. Aber auch außerhalb dieses Festes suchen viele Gläubige das ganze Jahr über Hilfe und Heilung bei der heiligen Odilia, besonders bei Augenleiden.

Die Heilige Odilia

Die Legende berichtet, dass der gewalttätige Herzog Eticho seine blind geborene Tochter Odilia töten lassen wollte. Die Mutter aber rettete ihre Tochter und ließ sie von einer Amme in die Obhut eines Klosters bringen. Bei ihrer Taufe wurde Odilia von ihrem Augenleiden erlöst. Als Jahre später ihr jüngerer Bruder sie nach Hause holte, wurde Eticho so zornig, dass er seinen Sohn erschlug. Odilias Gebete erweckten ihren Bruder und beide konnten fliehen. Erst auf dem Sterbebett war Eticho bereit, sich mit seiner Tochter zu versöhnen und schenkte ihr den heutigen Odilienberg, den Mont Sainte-Odile, wo sie ein Frauenkloster gründete und deren erste Äbtissin wurde.

> **Man sieht nur gut mit dem Herzen, das Wesentliche ist für das Auge unsichtbar.**
> (Antoine de St.-Exupéry)

Als sie im Sterben lag, schickte sie ihre Schwestern zum Gebet in die Kirche. Bei ihrer Rückkehr fanden diese Odilia tot im Bett. Ihr inständiges Beten rief Odilia ins Leben zurück. „Warum beunruhigt ihr euch", fragte sie ihre Schwestern, „Luzia war bei mir, und ich sah und hörte, was man mit Augen nicht sehen, mit Ohren nicht hören, sondern nur mit dem Herzen wahrnehmen kann". Dann ergriff sie den Kelch, nahm die Kommunion und starb.

Odilia wurde im Kloster bestattet. Der Kelch, aus dem sie getrunken hatte, wurde noch bis zur Auflösung des Klosters den Pilgern zur Kommunion gereicht. 1546 brannte das Kloster völlig aus und wurde aufgelöst. Mönche wachten danach über dem Grab der Odilia und machten den Odilienberg zu einem vielbesuchten Wallfahrtsort. Während der Französischen Revolution von 1789 wurden die Mönche vertrieben. 1853 aber wurde das Kloster zurückgekauft und dem Bischof von Straßburg übergeben. Dies führte erneut zur Belebung der Wallfahrten, die bis heute andauern. Das Grab der Odilia, deren Gebeine in einem steinernen Sarkophag in der Grabkapelle auf dem Odilienberg ruhen, ist einer der bedeutendsten Wallfahrtsorte Frankreichs, der jährlich von rund 2 Millionen Menschen besucht wird, die sich von der dortigen Quelle Heilung für ihr Augenleiden erhoffen. Odilia ist Schutzpatronin des Elsass, der Blinden und der Winzer.

Katholische Kirche St. Peter und Paul, Hettingen
Kirchenpatrone der katholischen Kirche von Hettingen sind die beiden Apostel Petrus und Paulus. Ihr Gedenktag ist der 29. Juni.

Als Jesus Petrus am See Genezareth bei seinem Fischerboot traf und ihn aufforderte, mit ihm zu gehen, legte dieser seine Netze nieder und folgte Jesus. Petrus wurde Zeuge zahlreicher Wunder seines Herrn. Er war auch Zeuge der Auferstehung Jesu. Danach aber kehrte Petrus in sein Dorf zurück und arbeitete wieder als Fischer. Dort erschien ihm Jesus und sagte, er solle von nun an das Christentum verkünden und bezeichnete ihn als den Felsen, auf dem er seine Kirche bauen wolle.

Petrus bekehrte viele Menschen und bewirkte im Namen des Herrn zahlreiche Wunder. Er wirkte weit über die Grenzen des heiligen Landes und pflegte auch den Kontakt zu nichtjüdischen Christen. Später reiste er nach Rom, wo er als Leiter der christlichen Gemeinde Paulus begegnete. Beide Apostel wurden von Nero ins Gefängnis geworfen. Petrus konnte befreit werden und begegnete auf seiner Flucht vor den Toren Roms Jesu. „Quo vadis, Domine" (Wohin gehst du, Herr), fragte ihn Petrus und Jesus antwortete, dass er nach Rom ginge, um sich dort nochmals kreuzigen zu lassen. Darauf kehrte Petrus in die Stadt zurück und stellte sich den Soldaten. Auf eigenen Wunsch ließ er sich mit dem Kopf nach unten ans Kreuz schlagen, da er nicht würdig sei, auf die gleiche Art zu sterben wie Jesus Christus.

20

Die besondere Bedeutung erhielt Petrus als Leiter der christlichen Gemeinde Roms durch die Lehre von der apostolischen Nachfolge, der zufolge alle Bischöfe von Rom, also alle Päpste, direkte Nachfolger von Petrus sind.

Nach katholischer Überlieferung wurde der Leichnam von Petrus neben dem Circus Maximus an der Stelle des heutigen Peterdoms beigesetzt. Nach anderer Überlieferung wurden Petrus und Paulus auf einem alten Friedhof an der Via Appia Antica, den Katakomben des Sebastian, begraben. Im 4. Jahrhundert baute man dort eine den bei-

den Aposteln geweihte Kirche. Nachdem man im 8. Jahrhundert die Reliquien von Petrus in den Petersdom umgebettet hatte, wurde die Kirche in der Via Appia Antica in „San Sebastiano ad Catacumbas" umbenannt. Der Erinnerungstag wurde auf den 29. Juni festgesetzt. Er gilt als der Tag seines Martyriums und ist gleichgesetzt mit dem unbekannten Todestag von Paulus.

Paulus, mit seinem früheren Namen Saulus, war der Sohn vermögender jüdischer Eltern mit römischem Bür-

gerrecht. Wie sein Vater erlernte Saulus den Beruf eines Zeltteppichwebers und gehörte ebenfalls zu den Pharisäern. Seine theologische Ausbildung erhielt er in Jerusalem. In seinem Glaubenseifer bekämpfte er die aufkommende christliche Kirche, von der er annahm, dass sie vom Gesetz abweiche. Er war Zeuge der Steinigung des Stephanus und bewachte die Kleider seiner Peiniger (siehe S. 113). Während der Verfolgung von Christen in der Nähe von Damaskus erblindete er durch das strahlende Licht des auferstandenen Jesus Christus. Man führte ihn nach Damaskus, wo er von Ananias geheilt und getauft wurde. Paulus, wie er sich fortan nannte, sah sich durch die persönliche Begegnung mit Christus zum Apostel und zum Missionar berufen. Er predigte in der Synagoge von Damaskus und wurde bald selbst verfolgt. Freunde halfen ihm, in einem Korb über die Stadtmauern zu entkommen. Paulus zog sich daraufhin nach Arabien zurück, reiste in die Türkei, nach Zypern und nach Griechenland. Auf einem Apostelkonzil in Jerusalem beeinflusste er die junge christliche Gemeinde, den neuen Glauben auch in Ländern außerhalb des Judentums zu verkünden. Die Missionsreisen führten Paulus durch die ganze damals bekannte Welt. Vermutlich im Jahr 57 wurde Paulus nach Aufständen einer jüdischen Gruppe gefangen genommen, vom Hohen Rat im Tempel verhört und verhaftet. Aufgrund seines römischen Bürgerrechts erzwang er die Überführung nach Rom, wo er sich frei bewegen konnte. Vermutlich starb er dort um das Jahr 67 eines natürlichen Todes. Verbreitet sind aber auch Legenden, nach denen er unter Kaiser Nero bei Christenverfolgungen als Märtyrer starb. Der Überlieferung nach wurde er zusammen mit Petrus in den Katakomben des Sebastian beigesetzt. Um 320 wurden seine Gebeine in die
20 Basilica San Paolo fuori le Mura überführt.

Insgesamt gibt es in der katholischen Kirche keine eigenständige Paulus-Verehrung. Sie ist meist mit der des Petrus verknüpft.

Schwerpunkt der Glaubensverkündigung des Paulus ist die Gnade Gottes. Auf diese Gnade hat der Mensch keinen Anspruch und kann sie sich nicht durch Leistung verdienen. Gott schenkt seine Gnade den Menschen nicht aufgrund ihrer guten Taten, sondern einfach, weil er ein guter, menschenfreundlicher Gott ist.

Kreuzweg Hettingen

In der Jahreshauptversammlung 1976 diskutierten die Mitglieder des Heimatvereins Hettingen die Idee der Errichtung eines Kreuzweges. Zunächst fand diese Idee aus Kostengründen keine Mehrheit. Als im gleichen Jahr auf einem Info-Abend bei den „Heddemer Mannemer“ (Hettinger Bürger wohnhaft in Mannheim) dieses Thema ebenfalls angesprochen wurde, fand sich bei den Anwesenden eine breite Zustimmung und die sofortige Bereitschaft zu

einer Spendenaktion, mit der die ersten 5 Stationen finanziert werden konnten. Dies bewirkte ein Umdenken in Hettingen. Bei der nachfolgenden Jahreshauptversammlung wurde nur noch über den Streckenverlauf diskutiert. Schließlich einigte man sich auf einen alten Wallfahrtsweg zwischen der „Hohlkapelle“ und der Kapelle „Schönster Jesu auf der Wies“. Im Herbst 1977 waren die ersten 5 Stationen fertiggestellt. Von März bis Mai 1978 folgten die restlichen 9 Stationen, sodass zum 10-jährigen Jubiläum des Heimatvereins der Kreuzweg am 18. Juni 1978 feierlich geweiht werden konnte. Nach einem Festgottesdienst in der Kirche St. Peter und Paul zog man in einer Prozession begleitet von einer Musikkapelle von Station zu Station.

20

Dolinen – die „Teufelslöcher“

Dolinen sind trichterförmige Vertiefungen. Sie entstehen, wenn die mit Gipsen und Salzen durchzogene Gesteinsschichten durch Wasser aufgelöst werden und der Erdboden in sich zusammensackt. Besonders nach der Schneeschmelze und nach Starkregen öffnen sich entlang bekannter Kluftrichtungen Dolinen, durch die das Niederschlagwasser rasch abfließen kann und dadurch eine weitere Vertiefung der Dolinen bewirkt.

Für die Landwirtschaft sind solche Erdöffnungen gefährliche Hindernisse und werden im Allgemeinen schnell wieder verfüllt. Aber auch eingeschwemmtes Bodenmaterial kann auf natürliche Art und Weise diese Löcher wieder schließen. Zurück bleibt eine flache Vertiefung, die nur von einem geübten Auge als Doline erkannt werden kann. Ursache für diese Bodenöffnungen ist der Muschelkalk. Diese Gesteinsschichten entstanden vor 243 bis 235 Millionen Jahren aus Ablagerungen des Meeres. Zu dieser Zeit senkte sich das Germanische Becken und es entstand ein flaches Randmeer, auf dessen Grund sich zahlreiche Muschelschalen ablagerten, die die heutige 230 m mächtige Steinschicht bildeten. Im Laufe der 8 Millionen Jahre änderten sich das Klima, die Wassertiefe, der Salzgehalt des Wassers und somit die Lebensbedingungen in diesem Salzmeer. Besonders in der Mittleren Muschelkalkzeit herrschten recht lebensfeindliche Bedingungen. Das Binnenmeer wurde vom Ozean fast abgeschnürt, und wegen des heißen Klimas und der damit verbundenen hohen Verdunstung stieg der Salzgehalt im Wasser, und es kam zu Ablagerungen von Gipsen und Salzen. Bei Nässe werden diese Schichten aufgelöst, und es entstehen Klüfte und Hohlräume, die wiederum das Entstehen von Dolinen bewirken.

Vom Kreuzweg zu den Teufelslöchern

Charakteristik: *Besinnliche Wanderung auf dem Hettinger Kreuzweg sowie zu geologischen und historischen Sehenswürdigkeiten*
Ausgangspunkt: *Hettingen, Rathaus*
Wanderkarte: *TF 20-19 „Östlicher Odenwald – Madonnenl."*
Markierungen: *He 3 – ④ – ③ – He 3*

Ort	km	Zeit	Höhe
Hettingen	*0,0*	*0:00*	*375*
Kreuzwegkapelle	*1,8*	*0:45*	*427*
Walddolinen	*1,9*	*0:40*	*420*
Hönehaus	*1,3*	*0:30*	*445*
Wachturm WP 8/1	*0,3*	*0:05*	*439*
Kalzitstein	*1,7*	*0:35*	*400*
Hettingen	*2,8*	*0:45*	*375*
Gesamtstrecke	*9,8*	*3:20*	

Informationen

Vom Rathaus folgen wir der örtlichen Markierung **He 3** den Schmiedsbuckel und den Kapellenweg aufwärts zur **Hohlkapelle**, dem Beginn des Kreuzweges.

Am Ende des Kreuzweges folgen wir weiterhin dem Rundweg He 3.

An der Waldecke verlassen wir den Rundweg He 3 und gehen mit dem Rundweg ④ geradeaus zu den Walddolinen. Da diese im Wald nicht verfüllt werden, konnten sie ihre typische Trichterform erhalten. Von dort kommen wir dann zum Kleinkastell **„Hönehaus“**.

1968/69 wurden die Umfassungsmauern freigelegt und vollständig restauriert. Die Größe beträgt 46x40m. Das Kastell besaß 2 Tore. Im Innern standen Holzbaracken. Wertvollster Fund war ein Votivhäuschen, das ein gewisser Quintinius Lector den Gottheiten für glückliche Zufälle gewidmet hatte. Vom Kastell gehen wir hinab zum Parkplatz und folgen von dort dem Rundweg ③ nach rechts über die Straße zu den **Wachtürmen**.

1970 wurde diese Turmstelle erneut ausgegraben und vermessen. Die Seitenlänge betrug 5,20 x 5,20 m. Aus dem Schuttmaterial konnte das Fundament restauriert werden. Von hier folgen wir dem Rundweg ③ zur Turmstelle WP 8/2. Auch dieser Turm wurde 1970 erneut ausgegraben, vermessen und konserviert. Wertvollster Fund war eine vergoldete Armbrustscharnierfibel. Unser Weg führt an einem Teilstück einer alten Römerstraße entlang zum **Kalzitstein**.

Dieses Naturdenkmal entstand vor ca. 5 Millionen Jahren. In einem Klufthohlraum wuchsen die Wände der Kalzitkristalle aufeinander zu, bis die Kluft völlig verfüllt war. Da das umliegende Muschelkalkgestein schneller verwitterte als der Kalzitkristall, wurde dieser im Laufe der Zeit freigelegt. An der Straße biegen wir zunächst links und dann rechts ab. Hinter einem kleinen Waldstück stoßen wir auf den Rundweg **He 3** und folgen ihm nach links zurück nach **Hettingen**.

Schwierigkeit: mittel

Im Rinschbachtal

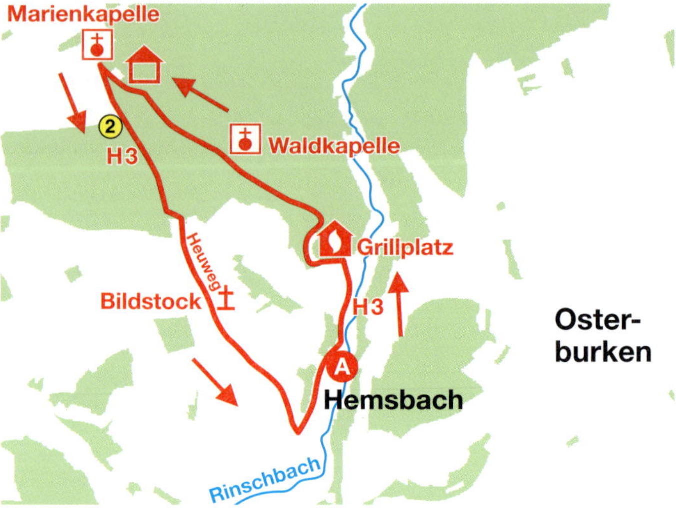

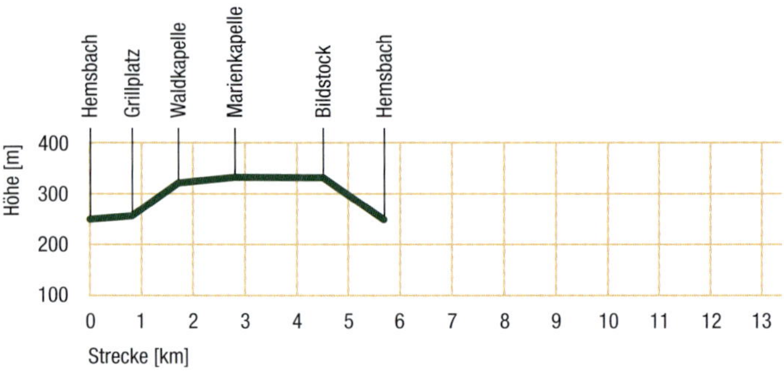

St.-Mauritius-Kirche, Hemsbach

Die St.-Mauritius-Kirche in Hemsbach, einem kleinen Ortsteil von Osterburken, ist eine ehemalige Wallfahrtskirche, die 1281 erstmals urkundlich erwähnt wurde. Die Nähe der römischen Garnisonsstadt Osterburken mit einem Kohorten- und einem Numeruskastell sowie einer Beneficiarierstation und einem ausgedehnten Lagerdorf legt nahe, dass der Siedlungsbeginn schon sehr früh einsetzte. Urkundlich wurde Hemsbach erstmals 837 als „Heinwinesbach" genannt. Vermutlich aber dürfte zu dieser Zeit bereits eine Kapelle bestanden haben. Ihre Lage in unmittelbarer Nähe des Rinschbaches lässt vermuten, dass sie auf eine heidnische Kultstätte zurückgeht. Christliche Missionare trafen hier auf einen römischen Matronenkult, den sie in die christliche Symbolik von den drei heiligen Jungfrauen umdeuteten und über der heidnischen Kultstätte eine Kapelle bauten. Ältester Bauteil dürfte ein einfacher, nach Osten ausgerichteter Betsaal gewesen sein, an den später ein Wehrturm angebaut wurde.

Die Verehrung der drei heiligen Jungfrauen führte zu einer Wallfahrt und einem Kult, in dem heidnische und

Vieles erscheint uns als Wunder. Friedfertig auf der Erde zu wandeln, ist jedoch das eigentliche Wunder.
(Thich Nhat Nanh, China)

21

christliche Elemente ineinander übergingen. Vor der Walldürner Wallfahrt zum Heilig-Blut-Altar war Hemsbach der bekannteste Wallfahrtsort weit und breit. Besonders am Dienstag nach Pfingsten, seit dem 18. Jahrhundert Pfingstmontag, strömten zahlreiche Pilger nach Hemsbach, um an der dortigen Prozession teilzunehmen. Sie brachten ihre Opfer meist in Form von Naturalien und erwarteten dafür eine himmliche Gegenleistung. Das Hindurchkriechen durch ein Loch unter dem Altar sollte Rückenschmerzen lindern, das Behängen des Altars mit Haarzöpfen sollte gegen Kopfschmerzen helfen und von abgeschnittenen Spänen von einem Stock, der hinter dem Altar stand, versprach man sich Hilfe bei Zahnschmerzen. 1756 wurde auf Anordnung von Dekan Schaffgen der Schlupfaltar vermauert sowie Haarschöpfe und Stock entfernt. Im 19. Jahrhundert wurde die Wallfahrt wegen ihres heidnischen Charakters endgültig verboten.

Im Laufe der Geschichte musste die Kirche mehrfach renoviert werden. Ursache war meist der nahe Bachlauf. Nachgewiesene Baumaßnahmen waren im 14. und Anfang des 17. Jahrhunderts. Im 19. Jahrhundert wurde eine Sanierung so dringend, dass an einen Abriss gedacht wurde. Man sammelte Spenden für einen Kirchenneubau, aber die Inflation zu Beginn der 1920-er Jahre machte alle Pläne zunichte. Nach dem 2. Weltkrieg wurde die Kirche unter Denkmalschutz gestellt und grundlegend restauriert. Dabei wurden mittelalterliche Wandmalereien einer „Armenbibel" freigelegt mit Szenen aus dem Alten und dem Neuen Testament. Die älteste Malerei ist vermutlich die um 1350 entstandene Darstellung der Schöpfungsgeschichte, die sich vom Chorbogen über die rechte Wand des Kirchenschiffs erstreckt. Weitere Malereien zeigen die Anbetung der Hirten, die Flucht nach Ägypten, den Einzug in Jerusalem, das letzte Abendmahl sowie den Judaskuss. Das Deckengewölbe des Chors zeigt die vier Evangelisten mit ihren Symbolen: Mensch, Löwe, Stier und Adler. An der linken Chorwand befindet sich eine Darstellung der Krönung von Maria durch die Heilige Dreifaltigkeit. Rechts im Chor ist eine apokalyptische Darstellung des Weltgerichts. Der Kirchenpatron St. Mauritius ist an der rechten Seitenwand der Apsis dargestellt.

Die beiden heute noch erhaltenen barocken Altäre zu beiden Seiten des Chorbogens stammen aus dem späten

17. Jahrhundert. Die Madonnenstatue auf dem linken Altar wird in die Zeit zwischen 1480 und 1520 datiert. Der rechte Altar zeigt die hl. Ursula von Köln mit ihren Gefährtinnen. Auf diesem Altar haben sich bis zum 18. Jahrhundert die Jungfrauen-Statuen befunden. Der Hauptaltar ist ein schmuckloser neuzeitlicher Sandsteinaltar.

Der Heilige Mauritius

Mauritius war der Überlieferung nach der Anführer der 22. Legion, die nur aus Christen bestand und in der Schweiz stationiert war. Als sie sich weigerten, den Göttern zu opfern und sich an der Christenverfolgung zu beteiligen, ließ Kaiser Maximianus, der Mitregent von Kaiser Diokletian, jeden zehnten Mann der Legion umbringen. Da diese Maßnahme jedoch keinen Erfolg hatte, wiederholte er den Befehl solange, bis die ganze Legion samt ihrer Anführer ermordet war.

Um 380 wurde an der Stätte der Hinrichtung im heutigen St. Maurice eine Kirche errichtet, die zum Wallfahrtsort wurde. Ab 515 entstand aus der St.-Mauritius-Kirche das Kloster St.-Maurice d'Agaune, dessen Mönche seit dem 11. Jahrhundert nach der Augustinerregel leben. Die zahlreichen Pilger, die nach St. Maurice kamen, verbreiteten die Verehrung von Mauritius. Das Kloster wurde zum zentralen Heiligtum des Burgunderreiches und Mauritius zum Patron des Königreichs Burgund. Kaiser Otto I. erhielt anlässlich seiner Hochzeit mit Adelheid, der Tochter des Burgundenkönigs, zum Weihnachtsfest 960 Reliquien von Mauritius für seinen neuen Dom St. Mauritius in Magdeburg. Otto I. führte seinen Sieg über die Ungarn 955 auf die Hilfe von Mauritius zurück. Unter den Ottonen und den Stauferkaisern blühte die Verehrung von Mauritius in ganz Deutschland. Mauritius wurde zum Reichsheiligen. Vom 12. Jahrhundert an wurde der Kaiser im Petersdom in Rom am Mauritius-Altar gesalbt. Es entstanden zahlreiche Mauritius-Kirchen, und viele Familien- und Städtewappen zeigen Mauritius. Zunächst vereinzelt, wird er vom späten 14. Jahrhundert immer häufiger als dunkelhäutiger Ritter dargestellt.

Im Rinschbachtal

Charakteristik:	*Angenehme Wanderung durch die Feld- und Waldflur*
Ausgangspunkt:	*Mauritius-Kirche, Hemsbach*
Wanderkarte:	*TF 20-18 „Südlicher Odenwald – Bauland“*
Markierungen:	*H 3 – o. Mark. – H 3*

Ort	**km**	**Zeit**	**Höhe**
Hemsbach	*0,0*	*0:00*	*250*
Grillplatz	*0,8*	*0:20*	*256*
Waldkapelle	*0,9*	*0:25*	*320*
Marienkapelle	*1,1*	*0:25*	*334*
Bildstock	*1,7*	*0:30*	*333*
Hemsbach	*1,2*	*0:20*	*250*
Gesamtstrecke	*5,7*	*2:00*	

Informationen

Von der Mauritius-Kirche folgen wir dem örtlichen Rundweg **H 3** die Mauritiusstraße aufwärts. Der Weg führt gemächlich das Rinschbachtal aufwärts und biegt am Waldrand hinter dem Rückhaltebecken links ab.

Dieser reizvoll gelegene Grillplatz in einem Seitental des Rinschbaches lädt zum Verweilen ein. Dann führt der Weg leicht ansteigend durch den Wald zur **Waldkapelle** am Pfarrersbild.

In dieser schlichten Kapelle findet der Wanderer Ruhe und Besinnung. In Waldrandnähe kommt man dann an eine überdachte Forsthütte. Wenig später verlassen wir den Rundweg H 3 und gehen **ohne Markierung** ein kleines Stück geradeaus durch die Feldflur. In dem kleinen Wäldchen vor uns steht am Wegrand eine kleine **Marienkapelle**.

Hier machen wir kehrt und gehen den asphaltierten Wirtschaftsweg wieder zurück. Beim Zusammentreffen mit dem Rundweg H 3 folgen wir diesem zusammen mit der Markierung ② geradeaus durch den Klosterwald des ehemaligen Nonnenklosters Seligenthal. Am Waldrand halten wir uns rechts und kommen durch die Feldflur zum **Bildstock** am Heuweg.

Dieser Wegabschnitt hinab nach **Hemsbach** bietet einen einmaligen Panoramablick.

Schwierigkeit: leicht

Literaturverzeichnis

Andrack, Manuel	Das neue Wandern *Unterwegs auf der Suche nach dem Glück* Berliner Taschenbuch Verlag 2011
Assion, Peter	1200 Jahre Walldürn Walldürn 1995
Autorenteam Fischer	WANDERBUCHen Stadt Buchen
Autorenteam Hollerbach	Hollerbach – ein Dorf im Odenwald Hollerbach 2002
Baatz, Dietwulf	Der römische Limes *Ausflüge zwischen Rhein und Donau* 3. Auflage, Berlin 1993
Bunz-Schlösser, Gabriela	Auf dem Jakobsweg der Seele Herder Verlag 2009
Dörig, Bruno	Wenn nichts mehr geht, dann geh! *Aufbrechen – Nachdenken – Ankommen* Eschbach Verlag Am 2007
Eckmann, Notker	Kleine Geschichte des Kreuzweges Regensburg 1968
Ehrig, Paul/ Friedel, Hugo	Wanderungen im Odenwald, Bd. 4 Darmstadt 1991
Grober, Ulrich	Vom Wandern – Neue Wege zu einer alten Kunst ZweitausendeinsVerlag, Frankfurt/M. 2006
Grün, Anselm	Auf dem Wege zu einer neuen Theologie des Wanderns Münsterschwarzer Kleinschriften, Bd. 22, 1983

Grün, Anselm	Bleib deinen Träumen auf der Spur *Buch der Sehnsucht* Herder Verlag 2006
Gemeinde Hardheim	Hardheim – Perle des Erfatales Hardheim 1988
Hartlieb, Gabriele	Was Menschen bewegt – Sehnsucht Herder Verlag 2006
Hotz, Walter	Amorbacher Cicerone Amorbach 1976
Löhndorf, Andrea	Anleitung zum Pilgern *Ein Lebensbegleiter* DTV Verlag 2010
Meister, Wolfgang	Die Martinskapelle in Bürgstadt Bürgstadt 2004
Mössinger, Friedrich	Bildstöcke im Odenwald Heppenheim 1962
Müller, Peter	Die Seele laufen lassen *Pilgertage und spirituelle Wanderungen* Kösel Verlag 2004
Oberbeiden, Willi	Wenn einer seinen Weg gegangen ist *Meditationen zum Kreuzweg* Würzburg 2009
Oswald, Friedrich/ Störmer, Wilhelm	Die Abtei Amorbach im Odenwald Sigmaringen 1984
Schallmayer, Egon	Der Odenwaldlimes *Vom Rhein bis an den Neckar* Stuttgart 1984
Slama, Hans	900 Jahre Mudauer Odenwald *Vom Fronhofverband zur Gemeinde Mudau* Mudau 2002
Türk, Rainer	Wanderungen im Überwald 2. Auflage, Lorsch 2006

Türk, Rainer	Wanderungen im Mittleren Odenwald Lorsch 2005
Türk, Rainer	Wanderungen zwischen Elz und Neckar Lorsch 2013
Türk, Rainer	Wanderungen am Limes Lorsch 2008
Udamy, Dr. R.	Die Einhard-Basilika zu Steinbach im Odenwald *Faksimila der Ausgabe von 1885* Lorsch 2000
Wand, Norbert	Sancti Amoris fons Heppenheim 1995
Winter, Karl-Heinz	Heimatbuch Hesseneck Brensbach o. Dat.
Wunderlin, Dominik	Pilgern boomt Christoph Merian Verlag 2013

Weiterführende Literatur zu den in diesem Buch angesprochenen Themen

Rainer Türk:
Wanderungen im Überwald
20 ausgesuchte Wanderungen aus dem
Geo-Naturpark Bergstraße-Odenwald
Format 11 x 20 cm, 120 Seiten,
65 Abbildungen
ISBN 978-3-9808202-0-2, 14,80 EUR

Rainer Türk:
Wanderungen im Mittleren Odenwald
19 ausgesuchte Wanderungen im
Geo-Naturpark Bergstraße-Odenwald
Format 11 x 20 cm, 144 Seiten,
70 Abbildungen
ISBN 978-3-9808202-4-0, 14,80 EUR

Rainer Türk:
Wanderungen zwischen Elz und Neckar
21 ausgesuchte Wanderungen im
Hinteren Odenwald
Format 11 x 20 cm, 144 Seiten,
157 Abbildungen
ISBN 978-3-9815299-2-0, 14,80 EUR

Rainer Türk:
Wanderungen am Limes
Mit Informationen zum Leben
der Römer im Odenwald und
19 Wanderungen zu ihren Spuren
Format 11 x 20 cm, 144 Seiten,
85 Abbildungen
ISBN 978-3-9811444-1-3, 14,80 EUR